世界と日本
がわかる
国ぐにの歴史

一冊でわかる
中国史

【監修】岡本隆司
Okamoto Takashi

河出書房新社

はじめに

歴史を知ることで相手を理解する

「一冊でわかる」シリーズも、いよいよアジアで初となる中国の登場です。

近年、ますます注目を浴びる中国、理解しがたいその動向が世界を左右しているからです。人を知るには、まずは履歴からといいます。国もそれと同じ、その歴史を知ることが何より大切です。ところが、中国の歴史は複雑です。とにかく長く、登場する人名も事件も多い。加えて、難読の漢字ばかりときていますので、手をつけるのをためらう人も多いのではないでしょうか。

そこで本書では、そんな中国の歴史が「一冊でわかる」よう、基本的な史実・事件・人物を厳選してコンパクトにまとめるに徹しました。

未知のことを突きとめる学問研究でも、基本的な知識がとても重要だと痛感します。老若男女を問わず、先の見えないグローバル化の世界を生き抜くには、隣国をよく知ることが欠かせません。本書が少しでも中国の理解のお役に立つことを願っています。

監修　岡本隆司

知って
びっくり！

中国の4つのひみつ

初めて中国史にふれるあなたに、意外な事実を紹介します！

ひみつ1

元号を初めて定めたのは、あの皇帝だった⁉

2019年に日本の元号は「令和」に改まりました。この元号はもともと、漢の武帝によって定められました。のちに、日本を含めた東アジア諸国で導入されましたが、現在では、中国でも廃止されています。

→くわしくは 58ページへ

ひみつ2

最終試験の最中、皇帝に見られていた⁉

現代の日本でいう公務員試験の科挙は、3段階に分けられていました。その最終段階は、なんと皇帝の面前で行われていました。当時はとても名誉なことでしたが、受験者はさぞかし緊張したことでしょう。

→くわしくは
119ページへ

ひみつ3

「万里の長城」は、いつの時代にできた？

紀元前に建設された万里の長城ですが、現存する大部分が建てられたのは、ずっとあとの時代です。今でこそ、「長城に登らなければ、一人前の男ではない」とも言われる一大観光地ですが、当時は万里の長城を境に国同士がにらみ合っていました。

→くわしくは 153 ページへ

ひみつ4

皇帝の住まいが今や、博物館になっている!?

革命によって、1912年に帝政が終わりを迎えると、宮城は主を失いました。そのうち、宮城は一般の人々に公開されるようになり、故宮博物院と名づけられます。現在では、皇帝らが所蔵していたコレクションなどを見ることができます。

→くわしくは 170 ページへ

さあ、中国史をたどっていこう！

目次

はじめに　歴史を知ることで相手を理解する……3
中国の４つのひみつ……4
プロローグ　現在の〝中国〟とこれまでの〝中国〟……12

chapter 1 文明の誕生

8万年前の人類の痕跡……18
大河が育んだ文明……19
中国の神話の時代……22
神と人間の間の五帝……23
考古学と神話の間……24
王の仕事は祭祀と占い……27
革命による王朝交代……29
周の封建制……31
都を東へ移転……33
諸侯を統べる覇者……34
犬猿の仲だった南方の国……36
受け入れられなかった理想……37
百家争鳴の乱世……40
秦の変法と合従連衡……42
危機を乗り越えて全国統一……43

中国の偉人① 太公望 …… 44

chapter 2 帝政のはじまり

始皇帝による統一事業 …… 46
項羽と劉邦の対決 …… 49
秦の統治を踏まえた国づくり …… 51
親子2代にわたる善政 …… 53
武帝が後世に残したもの …… 57
西方への進出 …… 59
民にやさしく官吏にきびしく …… 62
中国史上初の「禅譲」 …… 63
前漢の政治を復活させる …… 66
外戚と宦官の権力争い …… 68
清流派vs濁流派 …… 70
群雄割拠から三国時代へ …… 71
中国の偉人② 司馬遷 …… 74

chapter 3 南北分立の時代

利用された新たな人材登用 …… 76
貴族政治のはじまり …… 78
遊牧国家が乱立 …… 79
安泰ではなかった江南 …… 82
江南の王朝の興亡 …… 84
北魏の画期的な税制改革 …… 87
分裂ののちに再統合 …… 89
花開いた六朝文化 …… 91

300年ぶりに再統一 …… 93
兄殺しから理想の君主に …… 97
中国史上唯一の女帝 …… 99
周辺国を間接統治 …… 102
美女が原因で内乱に …… 103
国際色豊かな文化 …… 106
中国の偉人③　玄奘 …… 110

chapter 4 五代十国から宋

五つの王朝と十の小国 …… 112
北方で新興勢力が台頭 …… 114
禅譲で成立した最後の王朝 …… 116
〝学力〟で人材を登用 …… 118
贈り物によって面目を保つ …… 120
新法党と旧法党の対立 …… 121
皇帝や官吏が連れ去られる⁉ …… 123
悲運の愛国者と死後も憎まれた男 …… 125
社会が大きく変化した時代 …… 128
統治における正当性の裏づけ …… 130
中国の偉人④　包拯 …… 132

chapter 5 大帝国の統合

大草原に生まれた遊牧国家 …… 134
史上空前の巨大帝国 …… 137
古典から国号を定める …… 138
日本への侵攻は失敗 …… 140

多様な種族で構成 …… 142
大帝国が結びつけた東西 …… 144
寒冷化と疫病で衰退 …… 146
中国の偉人⑤ 羅貫中 …… 148

chapter 6 グローバル化とともに

南から生まれた新王朝 …… 150
皇帝の権力を強化 …… 151
歴史から消されかけた皇帝 …… 154
「北京」として初めて都に …… 156
親征中に皇帝が捕虜に!? …… 158
幕末の志士に影響を与えた陽明学 …… 160
内乱によって滅亡 …… 161

明を立てて漢人を懐柔 …… 164
税制の改革と人口の把握 …… 166
四つの顔を持っていた清の君主 …… 168
連合軍に連戦連敗 …… 172
中途半端に終わった改革 …… 174
衰退を決定づけた日清戦争 …… 176
中国の偉人⑥ 李鴻章 …… 180

chapter 7 共和国の成立

帝政の終わり …… 182
各地に乱立する軍閥 …… 185
「革命いまだ成功せず」 …… 189
二つの党が戦火を交える …… 191

関東軍の暗躍で党の勢力拡大 …… 193
かりそめの帝政が復活 …… 194
持久戦に持ち込め …… 197
アメリカとの蜜月関係 …… 200
昨日の友は今日の敵 …… 201
中国の偉人⑦　魯迅 …… 206

chapter 8 中華人民共和国

真のトップは軍の指導者 …… 208
二つの自治区が成立 …… 210
国際社会で孤立する …… 212
スズメを狩って大惨事 …… 213
謎の死を遂げた後継者 …… 216
卓球で外交方針を大転換 …… 217
毛沢東時代の終わり …… 221
民主化運動を抑え込む …… 225
愛国教育のはじまり …… 227
その動向に世界が注目 …… 229

ひみつコラム

①祝祭日における伝統行事 …… 108
②つづられた王朝の歴史 …… 204

プロローグ

現在の〝中国〟とこれまでの〝中国〟

漢字、箸《はし》、月見などの季節行事……そのほか、日本の文化や風習を構成するものごとには、中国から伝わったものが少なくありません。むしろ、ハンコ（印章《いんしょう》）や元号など、発祥の地である中国では使われなくなったものが、日本で息づいている場合もあります。そうした影響は海を挟《はさ》んで対岸に位置する日本だけではなく、陸地でつながった朝鮮半島やモンゴル、東南アジアといった近隣の地域にもおよびました。

日本の国土の約26倍にもなる中国は広大ゆえ、発展めざましい沿海部をはじめ、東部には農耕に適した平原、内陸部には砂漠地帯や寒冷な高原地帯など、その風土は多様です。動物や植物の種類も地域によって大きく異なり、動物園のアイドルともいえるジャイアントパンダは四川《しせん》省を中心とした一帯にしか生息しておらず、野生のトラは東北および西南の辺境地にしか生息していません。

そして何より、世界一の人口となる14億もの人々（2020年時点）が暮らしています。そのうちの約91％を占める漢民族と、中国政府が認定した55の少数民族の生活スタ

中華人民共和国の行政区画

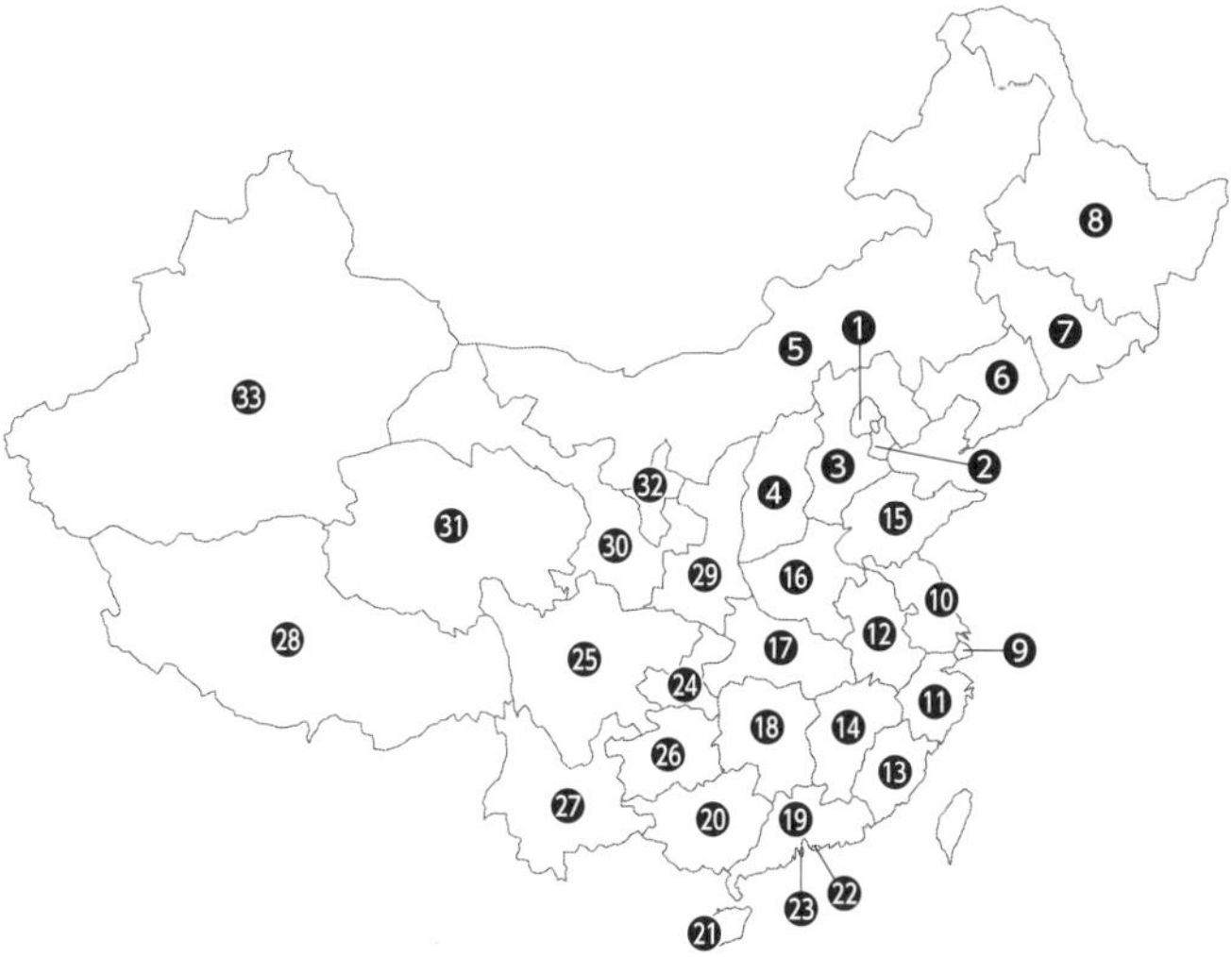

区域	省名
華北	❶北京市
	❷天津市
	❸河北省
	❹山西省
	❺内モンゴル自治区
東北	❻遼寧省
	❼吉林省
	❽黒龍江省
華東	❾上海市
	❿江蘇省
	⓫浙江省
	⓬安徽省
	⓭福建省
	⓮江西省
	⓯山東省

区域	省名
中南	⓰河南省
	⓱湖北省
	⓲湖南省
	⓳広東省
	⓴広西チワン族自治区
	㉑海南省
	㉒香港特別行政区
	㉓マカオ特別行政区
西南	㉔重慶市
	㉕四川省
	㉖貴州省
	㉗雲南省
	㉘チベット自治区
西北	㉙陝西省
	㉚甘粛省
	㉛青海省
	㉜寧夏回族自治区
	㉝新疆ウイグル自治区

総面積　約960万㎢
総人口　約14億人

※人口は「外務省ホームページ(2020年時点)」の情報にもとづく

イルもさまざまです。たとえば、料理でいうと、日本でもよく知られている中華料理のうち、東方では魚介類を多用する上海《シャンハイ》料理、西方ではスパイシーな味つけをする四川料理など、地域ごとに個性があります。餃子《ぎょうざ》や饅頭《まんとう》は、もともと主に東北で暮らす満洲族の料理を取り入れてできたものです。

さて、ここまでお話ししてきたのは、私たちが知っている中国、つまり、今日の「中華人民共和国」のことです。

しかし、現在に至るまでの中国は、時代とともに変化しており、決して一定の範囲を指し示した存在ではありませんでした。その証拠に、北方から侵入してくる集団に備えるために建造された「万里《ばんり》の長城《ちょうじょう》」は、現在の中国の首都である北京《ペキン》からもっとも近いところで数十キロメートルほどの距離しかありません。その長城が建てられた当時は、漢語（中国語）を話し、主に農耕を営む漢人以外の国家が存在し、長城より北の地域は、みなさんがイメージするような中国ではなかったのです。

そもそも、古代の歴史書に〝中国〟として登場する舞台は、黄河の中流域にあたる現

2本の大河を中心とした一帯

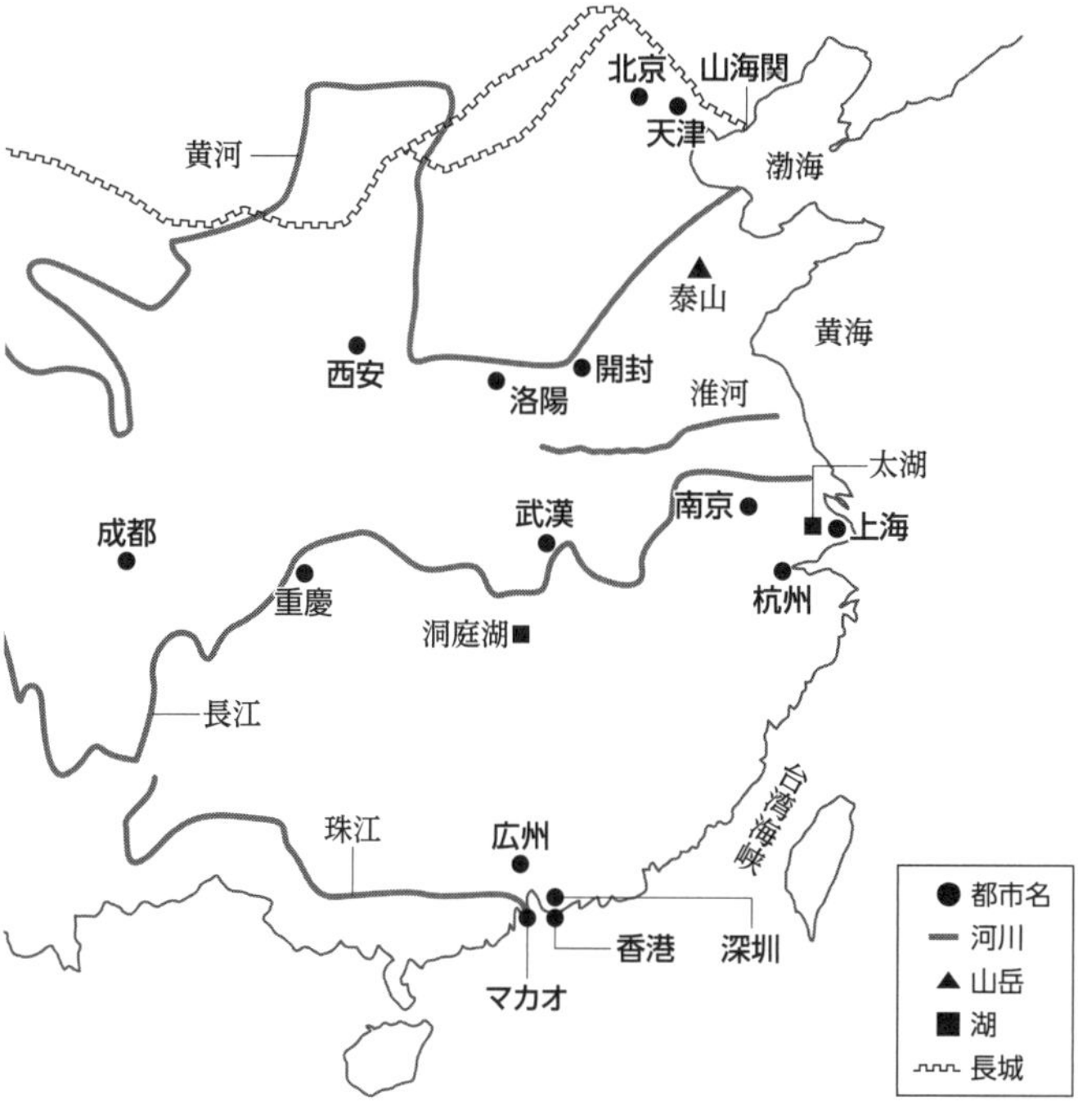

近代以前の主な区分

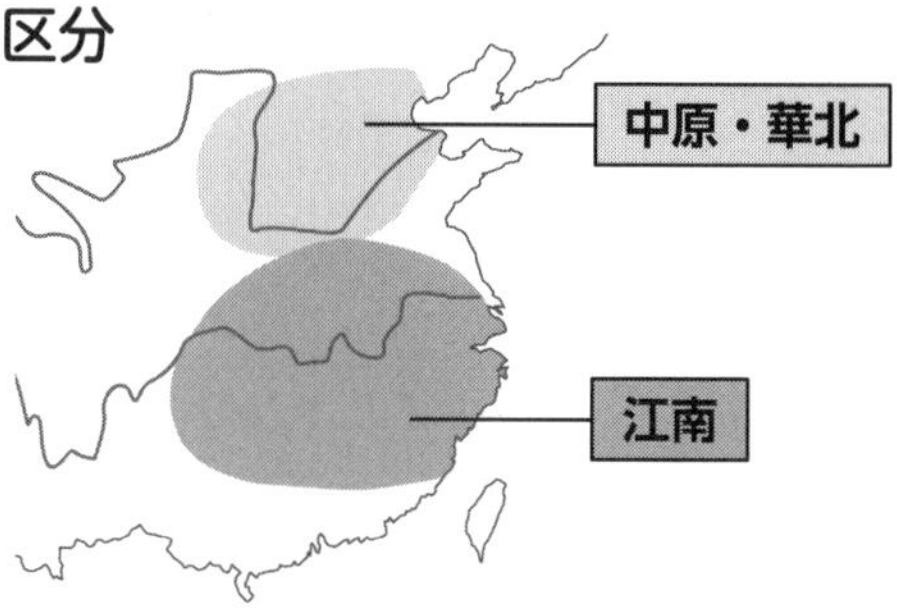

在の河南省《かなん》をはじめ、陝西省《せんせい》、山西省《さんせい》、河北省《かほく》、山東省《さんとう》の一部だけでした。それが時代を経て、漢人が周囲に勢力を徐々に拡大させていき、南方へも進出していきます。そうして開発が進んだ、長江より南の地は「江南《こうなん》」と呼ばれるようになります。対して、黄河流域より北方の地は「中原《ちゅうげん》」と総称され、近代になると、「華北」という名称が登場し、そう呼ばれるようにもなっていきました。この範囲は13ページに記載している、現在の中国の行政区画における華北とは異なります。

以上のように、現在の中国には、古代から、漢人のほかに遊牧民や狩猟民などが生活していました。それらの人々が、時に共存し、時に争っていたのです。そのため、強大な力を持つ支配者のもとで統合されていた時代もあれば、3カ国に分かれていた時代、南北に分かれていた時代など、分立と統一をくり返してきました。

それではどのようにして、現在の中国の文化と国土は形づくられてきたのでしょうか。その長い道のりは、大河のほとりから始まります。

chapter 1

文明の誕生

8万年前の人類の痕跡

「中国4000年の歴史」などとよくいわれますが、現在の中国の領域で人類が生活していたのはもっと昔からです。1921年、現在の北京市近郊において、約50万年前のものと見られる古代人の骨が発見されています。これはシナントロプス・ペキネンシス（北京原人）と呼ばれ、人類の祖先ではないかと以前まで考えられていました。

その後、1963年には陝西省南部で藍田《らんでん》原人の、1965年には雲南《うんなん》省北部で元謀《げんぼう》原人の骨がそれぞれ発見されています。ただし、約100万年前のものとされるそれらの原人は、人類の祖先である新人のホモ・サピエンスとは別種の、ホモ・エレクトスと考えられています。

2020年時点での学説では、人類は約30万年前のアフリカを起源とし、徐々に世界に広まっていったと考えられています。そして中国においては、2015年に湖南《こなん》省で発見されたホモ・サピエンスのものと思われる47本の歯が、約8万年以上前のものだったという研究成果が発表されました。

大河が育んだ文明

中国に到達した人類は、やがて土器や石器を用いて定住するようになります。これが現在の中国人の祖先です。1921年に、河南省洛陽《らくよう》市近郊の仰韶《ぎょうしょう》という村で、スウェーデン人の考古学者ユハン・アンデションによって、中国で初めてとなる石器時代の遺跡が発見されます。紀元前5000年ごろと推定されるこの遺跡では、赤みを帯びた土器に動物の文様が施され、キビの栽培や家畜の飼育などの形跡が見られました。この原始的な文化は、発掘地の名をとって「仰韶文化」と呼ばれています。

1930年には、山東省の龍山《りゅうざん》で遺跡が発見されます。紀元前2500年ごろのものとされるこの遺跡は、仰韶で見つかった遺跡よりも集落の規模が大きく、牛馬の飼育や、ろくろの技術などが向上している様子が見受けられました。黒い土器が発見されており、この原始的な文化は「龍山文化」と呼ばれています。

どちらも黄河《こうが》流域で発見された遺跡です。黄河は中国西部に位置する崑崙《こんろん》山脈から渤《ぼっ》海《かい》まで、中国の北方を流れる全長約5400キロメートルもの大河です。中流域の黄土《こうど》高原を通過する際に大量の黄土を含み、黄色に見えることから黄河と名づけられています。黄土は水はけがよいことから穀物の栽培に適しており、黄土の堆積した平野部は、人が生活する環境条件が整っていました。

黄河流域では仰韶と龍山の遺跡以外にも、紀元前7000年ごろのものとされる裴李崗《はいりこう》文化や、紀元前6000年ごろのものとされる老官台《ろうかんだい》文化など、仰韶文化よりも古い時代の遺跡が見つかっています。

黄河流域で生まれた文明は「黄河文明」と呼ばれ、長年、エジプト、メソポタミア、インダスと並んで四大文明の一つとされてきました。いずれも、大河のほとりで育まれた文明です。大河といえば、中国の南部には長江《ちょうこう》が流れています。チベットから東シナ海へと流れ込む長江は、全長約6300キロメートルにもなる中国で最長の川です。

そして実際に、1973年に長江下流域の浙江《せっこう》省において、紀元前5000年ごろの

ものとされる河姆渡《かぼと》遺跡が発見されました。この遺跡では、稲の種もみや農具が発掘され、稲作が行われていたことがわかっています。以後、長江流域では数々の遺跡が発見されており、まとめて「長江文明」と呼ばれます。

長江文明の発祥時期は黄河文明とほぼ同時期と考えられていますが、両文明の性格は異なります。長江が温暖な気候で稲作に適していたのに対して、黄河流域は乾燥しており、ヒエや麦などが栽培されていました。

中国文明の主な遺跡

より北方ではステップ気候で草原が多いことから牧畜に適していました。さらに、黄河の北東に位置する遼河《りょうが》でも遺跡が見つかり、こちらは「遼河文明」と呼ばれています。

中国では南北で異なる文明が築かれ、時代とともに競合、融合していったのです。そのため、現在では「中国文明」という総称が一般的になっています。

中国の神話の時代

考古学の研究によって、次々と新しい発見がなされています。しかし、考古学にも限界があり、たとえば、神話との整合性はなかなかわからないものです。「三皇五帝《さんこうごてい》」という神や帝王の時代から歴史を説きおこす書物もあります。三皇は天皇《てんこう》、地皇《ちこう》、人皇《じんこう》（泰皇《たいこう》）とされる三柱の神、五帝は文明の基礎を築いた5人の帝王のことです。

三皇はそれぞれ伏義《ふくぎ》、女媧《じょか》、神農《しんのう》といいます。伏義は天地の現象と秩序を定め、八卦《はっけ》（占いに用いられる基本的な図形）と文字を発明したとされます。女媧は伏義の妻とも妹ともいわれる女神です。折れて傾いてしまった天の柱を修復したとされます。人間を創造したのも女媧といわれます。神農は炎帝《えんてい》とも呼ばれ、医療と農耕、商売の神です。

中国では紹介した三皇以外にもさまざまな神が存在し、どの神を三皇とするかには諸説あります。人に初めて火を使って煮炊きすることを教えた燧人《すいじん》、女媧と同時代に、反乱を起こした共工《きょうこう》を倒した祝融《しゅくゆう》などが、三皇に数えられることもあります。

これらの神々はそれぞれに長寿であり、異形《いぎょう》の姿をしていたとされます。伏義と女媧は蛇身人面《じゃしんじんめん》、神農は人身牛首《じんしんぎゅうしゅ》です。存在が証明されたわけではなく、あくまで伝説上の存在ですが、そのうち、どこにどれくらいの真実が含まれているかを推しはかるのは難しい問題です。

神と人間の間の五帝

三皇の次の時代は、5人の帝王が活躍したとされる時代です。最初の黄帝《こうてい》は軒轅《けんえん》ともいい、医学や五穀の栽培を民に教えたといいます。神農の子孫に代わり、人々に望まれて帝位に就きます。天地の運行を調和させ、養蚕《ようさん》や衣服、船、牛馬車、文字、音楽などを発明したとされ、三皇に数えられることもあります。

今でも黄帝は、すべての中国の民族の始祖と考えられています。中国で民族の団結をうながす際は、「中国人はみんな黄帝の子孫」というスローガンが掲げられることがあるほどです。

五帝の2番目となる顓頊《せんぎょく》は黄帝の孫です。3番目の帝嚳《ていこく》は黄帝の曾孫《そうそん》にあたります。4番目の堯《ぎょう》は帝嚳の息子で、1年を366日とする暦をつくり、人々に慕《した》われて泰平の世を築きました。また、舜《しゅん》を後継者に指名します。

5番目の舜は、顓頊の子孫で黄帝の血筋ではありましたが身分は低く、しかも父親や兄弟から疎《うと》まれていました。それでも舜は父親への孝行を忘れず、兄弟にも優しく接します。この話を聞いた堯が舜に会い、みずからの代理人として抜擢《ばってき》、見事に功績を挙げたことから後継者となったのです。このように、徳の高い人物に位を譲ることを「禅《ぜん》譲《じょう》」といいます。

五帝の伝承にも現実的ではない事象も多く含まれ、神話と史実が混在していた時代といえます。ただ、古来より伝えられてきた伝承や説話の中にも、当時の世界観や、複数の部族が統合されていった様子が見てとれます。

考古学と神話の間

舜の後を継いだのは、その臣下であった禹《う》です。禹は黄河の治水事業（洪水などの水害が起こらないようにする工事）にあたり、その功績が高く評価され、舜から禅譲を受けます。黄河は肥《ひ》沃《よく》な土壌《どじょう》を提供してくれる反面、当時は頻繁《ひんぱん》に氾濫《はんらん》をくり返す危険な河川でもあったことから、治水事業は重要でした。禹はこの治水作業に13年間も取り組み、家の近くまで来ても立ち寄ることがなかったそうです。

舜から後継者に指名されても禹は何度も辞退し、舜の息子を後継者にしようとしたところ、有力者たちは禹を支持し、王位に担《かつ》ぎ上げます。

この禹が開いたとされる王朝が「夏《か》」です。中国4000年という場合、この夏からの歴史を指すことになります。

生前の禹は自身の血筋ではない徳の高い人物に位を譲ろうと考えていましたが、その死後、禹の息子の啓《けい》が即位します。啓の死後はその息子の太康《たいこう》が即位し、以後も血縁者が地位を受け継いでいくことになりました。これを「世襲《せしゅう》」といいます。

夏は17代、約450年続いたとされますが、暴君《ぼうくん》や暗君《あんくん》も現れるなどして衰退《すいたい》していきます。最後の王となった桀《けつ》王は暴君とされ、有力者の1人であった湯《とう》により追放されます。こうして夏王朝は滅亡し、湯王により新たな王朝「殷《いん》」が開かれました。

殷が成立したのは紀元前16世紀ごろで、紀元前11世紀ごろまで続きます。夏とは異なり、遺跡などの発見により、殷王朝が実在していたことが確認されています。

1899年、古代の文字が刻まれた甲骨《こうこつ》（亀の甲羅《こうら》や生き物の肩甲骨《けんこうこつ》）が発見され、殷の時代の文字だと推定されます。そこで、1928年から出土場所である河南省安陽《あんよう》市で発掘調査を進めたところ、大規模な宮殿や住居の跡、埋葬施設である墳墓《ふんぼ》、大量の甲骨や青銅器が出土したのです。この遺跡は殷の都であったと考えられるため「殷墟《いんきょ》」と呼ばれ、世界遺産に登録されています。殷墟は殷でも後期の都であり、以前は別の場所に都があったという説もあります。

じつは、夏王朝が実在しなかったとも言いきれません。1959年に洛陽市の郊外で発見された二里頭《にりとう》遺跡は、紀元前19世紀ごろ〜紀元前16世紀ごろのものと見られています。青銅器の使用も認められ、殷王朝の成立時期よりも古い時代のものと考えられることから、夏王朝の遺跡ではないかとも考えられています。2010年にも、河南省鄭《てい》州《しゅう》市において紀元前2000年ごろと推定される望京楼《ぼうけいろう》遺跡が発掘され、高温で焼かれた土器などが見つかっています。

しかし、これらは殷王朝の初期の遺跡とする説もあり、夏王朝の遺跡と断定するまでには至っていません。

王の仕事は祭祀と占い

夏、もしくは殷が開いた王朝は、中国最古の王朝と考えられます。ただし、最古の王朝がそのまま、現在の中国にあたる全域を支配していたわけではありません。

当時の中国では、氏族《しぞく》ごとに「邑《ゆう》」という集落が形成され、氏族に属する人々が生活していました。邑は外敵からの侵入から守るために四方を壁で囲み、邑の内部とその周辺が支配区域となりました。中国における城の概念は、この邑が基本です。また、「国」という漢字は、中の大切なものを守るために四角で囲った象形文字です。旧字の「國《くに》」は、囲いの中を武器である戈《ほこ》を持った兵士が守っていることを象徴しています。集落を壁で囲んだ邑は、国家の最小単位だったともいえます。

湯王はもともとは、現在の河南省に存在したとされる「商《しょう》」という大きな邑（大邑《たいゆう》）の支配者でした。直接統治していたのは、大邑を中心とした半径20キロメートルほどの地域でしかありません。しかし、婚姻などにより一族の支配する族邑《ぞくゆう》を増やし、その人徳と政治力により、ほかの邑を支配下に収め、支持を得ることで王として認められていったのです。王の大邑は「都」となり、東西南北のそれぞれの邑を、王に任命された伯《はく》（東伯《とうはく》・西伯《せいはく》・南伯《なんはく》・北伯《ほくはく》）が統括していました。

殷は祭政一致（神権政治）の王朝であり、殷王にとって、重要な仕事は祭祀《さいし》と卜占《ぼくせん》（占い）でした。天上に存在するという天帝の意思、天意によってすべてが決められるとされ、その天意を知るための手段が、生贄《いけにえ》を捧《ささ》げ、亀甲《きっこう》や青銅器を用いた占いでした。

牛や羊を供物《くもつ》としていたことから、牧畜が行われていたことがわかります。甲骨に刻まれた象形《しょうけい》文字である甲骨文字も、もとは卜占のためのものでしたが、その後、漢字へと形を変えて、日本にも伝わるのです。

殷王朝は何度か衰退しますが、その都度、名君が現れて建て直すことで30代続き、紀元前11世紀まで存続します。第19代の盤庚《ばんこう》のときにつくられた都が殷墟です。

しかし、第30代の紂王《ちゅう》は傲慢《ごうまん》な性格で、愛する妃《きさき》の妲己《だつき》を側《そば》に置き、酒でつくった池に、肉をつるした林の側で宴《うたげ》を開く一方、重税を課したことで民心が離れていきます。これが「酒池《しゅち》肉林《にくりん》」という故事成語です。見かねて意見する者や自身の意に沿わない者は、残忍な方法で処刑しました。

そしてとうとう反乱が起こり、紂王は討たれ、殷は滅亡しました。殷が滅亡したのち、殷の民は全国に散り、交易などで生計を立てるようになります。殷の別名が「商《しょう》」であったことから「商人」という語句の語源になったともいわれています。ちなみに、日本では王朝名を殷とよく表記されますが、中国では商と表記されます。

革命による王朝交代

殷を滅亡させた中心勢力の姫《き》氏は、殷の都の西方、現在の陝西省西安《せいあん》市一帯の地を治めていました。紂王の治世で当主だった姫昌《きしょう》は名君の誉れ高く、殷から西伯に任命されていた人物です。

やがて紂王が民心を失うと、衆望が姫昌に集まります。そして、姫昌（文《ぶん》王）が亡くなって後を継いだ息子の姫発《きはつ》（武《ぶ》王）が兵を挙げ、紂王を討って殷を滅ぼし、新たな王朝「周」を開きます。

中国では、王朝が変わることを「革命」といいます。革命には、堯が舜に位をゆずった禅譲のほかにもう一つ、武力などを用いて既存の支配者を排除する「放伐《ほうばつ》」があります。夏から殷、殷から周に変わったときに行われたのが、この放伐です。

天命《てんめい》を受けた、つまり国を治めるよう命ぜられた天子《てんし》を殺したり追放したりすることは、本来は許されない行為とされます。しかし、その天子の王が暴君で、天意をおろそかにして天子の資格を失ったとき、天は新たに徳の高い王に命じて、天下を治める資格を与えるというのです。これを「天命を革《あらた》める」、すなわち革命といいます。

とはいえ、この考え方はのちの時代で広められたものです。実際には、殷の支配体制に組み込まれていた周という西の勢力が、殷を倒して東の文化を吸収して強大になり、やがて有力者の協力を得て、政権を奪ったと解釈できます。

武力による王朝交代を正当化するため、夏の桀王と殷の紂王は中国を代表する暴君とされています。反対に、殷の湯王と周の文王は名君としてたたえられています。

周の封建制

古代王朝の夏、殷、周はひとまとめに「三代」とも呼ばれ、理想の時代とされます。いずれも黄河流域で発生しています。黄河と長江の両地域で発生した文明ですが、黄河流域では勢力争いを経て、技術力や文化が発達していきました。黄河流域の先進的な技術や文化が伝播《でんぱ》していく中で、南に存在したとされる文化はのみ込まれていったと考えられています。やがて、黄河流域は「中原」と呼ばれるようになり、中国社会の中心地となります。

　周は都を鎬京《こうけい》（現在の陝西省西安市）としました。武王が亡くなると、その息子が王に即位しますが、まだ幼かったため、武王の弟の姫《き》旦《たん》（周公旦《しゅうこうたん》）が政務を補佐します。

殷と周の勢力範囲

周王朝の封建制

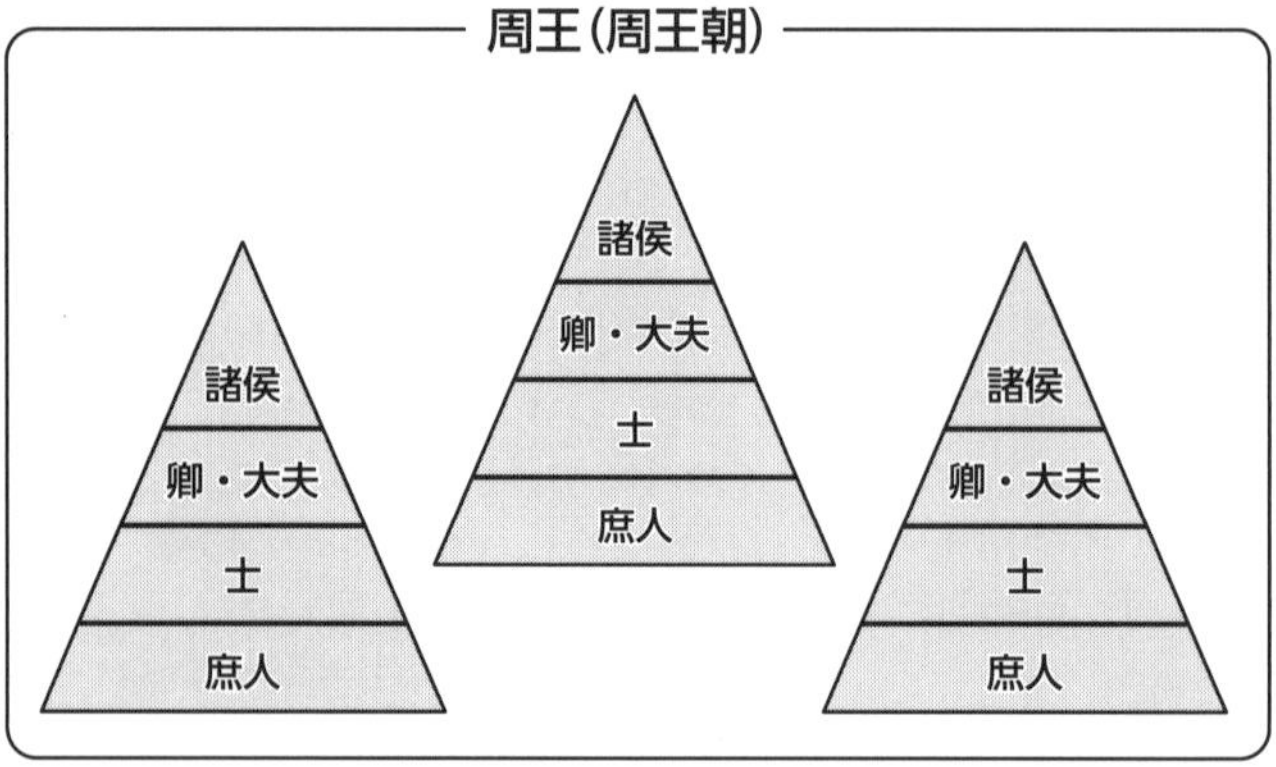

周公旦は優れた政治家として知られ、殷の残党らによる反乱勢力を一掃《いっそう》すると、殷の遺民を牽制《けんせい》する目的で東に都「成周《せいしゅう》」（現在の河南省洛陽市）を築きました。のちにこの都は「洛《らく》邑《ゆう》」と呼ばれるようになります。

さらに、一族や功臣を「諸侯」としました。諸侯には爵位《しゃくい》（公《こう》・侯《こう》・伯《はく》・子《し》・男《だん》があり、上から順に地位が高い）と土地を与え、その領地の世襲を認める代わりとして、貢物《みつぎもの》の献上と軍役の義務を課します。

そして諸侯は臣下に「卿《きょう》」「大夫《たいふ》」「士《し》」という身分を与え、領内の土地を分け与えて治めさせました。こうした、天子（王）を頂点とした統治制度を「封建制《ほうけんせい》」といいます。

都を東へ移転

初期の周王は同族の補佐を受けて、国をうまく治められました。ところが、代を重ねるうち、一族の結束力が弱まったうえ、諸侯がしだいに独立傾向を強めていきます。

第10代の厲《れい》王は粗暴な性格だったため、諸侯により都を追われます。王が不在の間、重臣らが共に和して政務を担ったことが、現在の「共和政」という語句の由来となりました。

のちに厲王の息子が王に即位し、権威を一時取りもどしたものの、紀元前771年、第12代の幽《ゆう》王が殺害されるという大事件が起こりました。幽王が褒姒《ほうじ》という妃を喜ばせようとして行った振る舞いにより、助けにくるはずの諸侯に見放されたとの逸話も残っていますが、実際は身内の権

そのころ、日本では？

佐賀県唐津《からつ》市で見つかった遺跡で1980年から1年かけて発掘調査が行われ、水田の跡や農具、紀元前600年ごろと推定される炭化した米が出土しました。縄文時代晩期から弥生時代中期ごろのものとされたこの菜畑《なばたけ》遺跡が、日本最古の水田による稲作とされています。

力争いが要因です。幽王と褒姒との間に生まれた息子を新たに後継ぎとしたことで、後継ぎだった宜臼《ぎきゅう》とその母親は地位を奪われます。これに怒った母方の父親である人物が西方の遊牧民と協力し、幽王を攻めたのが真相です。

宜臼は王（平王《へい》）に即位すると、反乱で荒れた鎬京から洛邑へ遷都します。歴史上、鎬京が都だったときの周を「西周《せいしゅう》」、洛邑に移ってからを「東周《とうしゅう》」と呼んで区別します。

王が殺害されたことをきっかけに、王の権威はすっかり失われ、代わって諸侯が力を握るようになっていきます。

諸侯を統べる覇者

東周時代は、「春秋《しゅんじゅう》時代」と「戦国《せんごく》時代」に大きく区別されます。おおよそ紀元前5世紀ごろで区切られ、まとめて「春秋戦国時代」とも呼ばれます。

紀元前8世紀初め、長江流域に存在した「楚《そ》」という国が強大化し、勝手に王を名乗ります。天命を受けて地上の統治を任された唯一の存在であるはずの王が、周と楚にそれぞれいたことになります。当然、周としては見過ごせない事態でしたが、単独で楚に対抗するだけの力はすでにありませんでした。すると、諸侯の中でも力のある者が、周を守るために諸侯に号令をかけるようになります。これを「覇者《はしゃ》」といいます。覇者は、諸侯が一堂に会する会盟《かいめい》を主宰《しゅさい》することで諸侯から認められました。形の上で覇者は周の臣下ですが、王朝における最大の実力者でした。

最初に覇者となったのは「斉《せい》」の桓公《かん》です。斉は、周の建国の功臣である呂尚《りょしょう》（太公望《たいこうぼう》）が封じられた国です。その子孫である桓公は、管仲《かんちゅう》という宰相《さいしょう》のもと、国力を増強して諸侯に一目置かれる存在となります。そして楚の侵攻をくい止め、紀元前651年に覇者と認められました。

桓公の死後、内紛により斉が衰えると、「宋《そう》」の襄公《じょう》が新たな覇者となります。しかし、襄公は楚との戦いに敗れ、その際に負った傷がもとで死去しました。

続いて、中原の西方に存在した「秦《しん》」の穆公《ぼく》が覇者となります。中原から見て辺境に位置していたため、秦は軽《かろ》んじられていましたが、有能な人材を抜擢することで大国に成長しました。

その後、「晋《しん》」の文公《ぶん》が楚を打ち破り、覇者となります。文公の死後は楚に対抗できる諸侯がいなくなり、楚の荘《そう》王が覇者となります。楚は周に臣従しておらず、周の権威はますます衰えました。こうした春秋時代の覇者は「春秋五覇《しゅんじゅうごは》」と呼ばれます。

犬猿の仲だった南方の国

中原をおびやかした楚でしたが、長江の下流域に興《おこ》った「呉《ご》」と「越《えつ》」という国により勢力を弱められます。呉と越は仲が悪く、争いをくり返していました。仲の悪い者同士が協力することを「呉越同舟《ごえつどうしゅう》」というのは、両国の関係に由来します。

とくに、紀元前6世紀末、春秋五覇に数えられることもある、呉王の闔閭《こうりょ》と越王の勾《こう》践《せん》から始まった戦いははげしいものでした。闔閭が勾践に倒されると、闔閭の息子の夫《ふ》差《さ》は、薪《まき》の上で毎晩寝て復讐を誓います。軍備を整えると越の都に攻め込み、勾践を降伏させ、越を支配下に置きました。今度は勾践が、苦い肝《きも》をなめて屈辱《くつじょく》を忘れず、夫差に美女を送るなど油断させておいて密かに富国強兵に励みます。そして、ついに夫差を倒し、呉を滅ぼしました。この夫差と勾践の行動をもとにしたのが、努力を怠《おこた》らないことを意味する「臥薪嘗胆《がしんしょうたん》」という故事成語です。のちに、その越も勢力を盛り返した楚に滅ぼされました。

こうした国家間の争いが各地で行われた結果、周の建国初期には1800もあった国々は、春秋時代には百数十カ国に集約されました。そして、いわゆる戦国時代を迎えるのです。

受け入れられなかった理想

一般的に戦国時代は、晋が重臣たちによって「趙《ちょう》」「魏《ぎ》」「韓《かん》」の3カ国に分割された紀元前403年がはじまりとされています。中原の諸侯も王を名乗るようになり、弱小国を併合していきます。こうして並び立った「秦」「楚」「斉」「燕《えん》」「趙」「魏」「韓」の7カ国を「戦国の七《しち》雄《ゆう》」といいます。

この時代には鉄器が開発され、武具だけでなく、農具に

そのころ、日本では?

弥生時代を代表する遺跡といえば、佐賀県の吉野ヶ里遺跡があります。この遺跡には集落を囲むように堀がめぐらされていたことから、「環濠《かんごう》集落」といわれます。環濠は防衛のための設備であり、他集落とのはげしい争いがあったことがうかがい知れます。

戦国の七雄

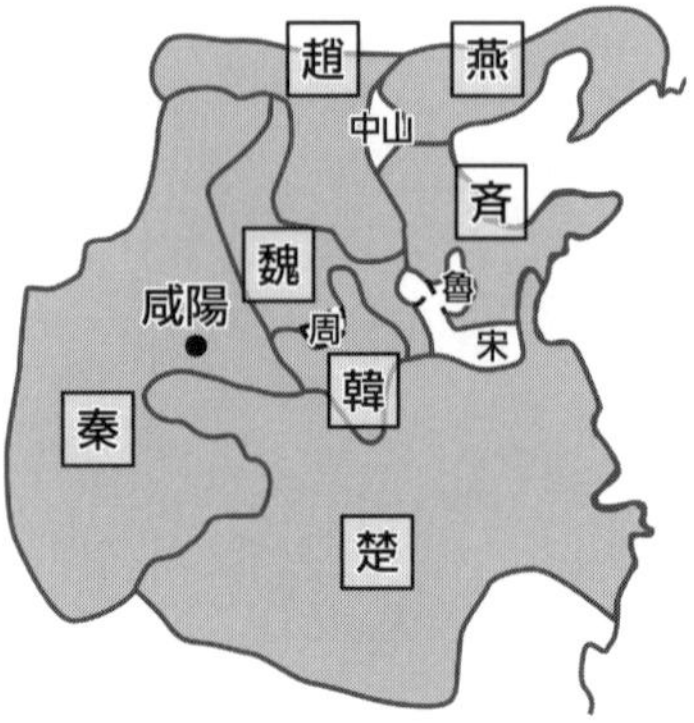

国名に「□」がついているのが戦国の七雄

も使われたことで食料の生産力が大幅に増大します。7カ国は生き残りと勢力拡大を目指し、富国強兵を進めました。有能であれば、身分の上下を問わず出世できるという実力主義の風《ふう》潮《ちょう》も生まれます。

そうした時代背景を受けて、「諸子百家《しょしひゃっか》」と呼ばれる思想家や学者、弁舌家が登場します。実際に百家あったわけではなく、たくさんあったことを表しています。諸子百家の代表格といえば儒家《じゅか》です。春秋時代後期、儒学を創始することになる孔子《こうし》は、周公旦が封じられてできた「魯《ろ》」の国で生まれます。孔子の理想とは、他者を慈《いつく》しむ仁徳《じんとく》を持った君主が国を治め、民は礼をもって道徳的な生き方を心がければ、平和な世になるというものです。ちなみに、春秋時代という名称は、孔子が記した歴史書『春秋』に由来しています。

孔子はその学識の豊かさから魯の改革に参加しますが、政敵に失脚させられ、魯を追われて諸国を放浪《ほうろう》します。各国の君主に理想の政治を説きますが、戦乱の時代に仁徳で国を治めるという主張は受け入れられませんでした。

しかし、民の中には理想への賛同者が多く、3000人以上の弟子を育て、その思想を『詩経《しきょう》』や『書経《しょきょう》』などにまとめたとされています。「子《し》曰《いわ》く」で始まる『論語』は、紀元前479年に孔子が亡くなったのちに、その弟子たちが孔子の言葉をまとめたものです。

孔子の夢はかないませんでしたが、その理想は弟子たちに受け継がれ、戦国時代には一大学派となります。孔子の弟子やその流れをくむ儒家には、諸侯に仕えて官吏となる者もいました。

ところが、孔子の教えの解釈をめぐって、儒家の間でもいくつかの説が生まれました。人間の本性を〝善〟と唱えた孟《もう》

子《し》の「性善説《せいぜん》」、人間の本性は〝悪〟、利己的と唱えた荀子《じゅんし》の「性悪説《せいあく》」がよく知られています。性善説は儒学の主流とされ、後世の儒学のあり方に影響を与えます。

百家争鳴の乱世

儒家とは相容れない思想が、この時代にいくつも成立しています。「道家《どうか》」の祖とされる老子《ろうし》は、自然にあるがままを尊重する「無為自然《むい》」を説きました。この思想を受け継いだ荘子《そうし》は、宇宙の原理として道《タオ》にもとづいて無為自然に生きることの大切さを説きます。両者の説は「老荘思想」と呼ばれ、のちの時代に伝わります。

また墨子《ぼくし》は、人を平等に愛する兼愛《けんあい》や、戦争を否定する非攻《ひこう》といった徹底した平和主義を唱えました。この思想を信奉する集団を「墨家《ぼっか》」といいます。

弱肉強食の春秋戦国時代にあっては、儒学や老荘思想とくらべ、より実践的な思想が重宝されました。戦略や戦術を説いた「兵家《へいか》」もその一つです。春秋時代末期に活躍した孫武《そんぶ》は呉王の夫差に仕えたとされた人物で、その思想がまとめられた兵法書『孫子《そんし》』に書かれた内容は、現代社会でも応用されています。戦国時代、斉王に仕えた孫臏《そんぴん》や、魏王などに仕えた呉起《ごき》も、兵家に数えられます。

法によって国家は運営されるべきとする「法家《ほうか》」の思想も、戦国時代で浸透しました。荀子の弟子である韓非《かんぴ》や李斯《りし》などが法家に分類されます。とくに、法治主義を説いた『韓非子』も現代のビジネス社会においてよく読まれています。

そのほかにも、万物は陰《いん》と陽《よう》に分けられ、木《もく》・火《か》・土《ど》・金《ごん》・水《すい》の五行《ごぎょう》によって動いているとする「陰陽家《いんようか》」、農民の立場から農業の重要性を説いた「農家《のうか》」、詭弁《きべん》にも似た理論を唱える「名家《めいか》」、巧みな弁舌で諸国を遊説する「縦横家《じゅうおうか》」、諸子の理論をまとめて再構築した「雑家《ざつか》」など、さまざまな思想が生まれています。

諸子らはそれぞれ別の思想を批判し、議論を戦わせたことから、その様子は「百家争鳴《ひゃつかそうめい》」ともいわれます。

諸子百家の多くは、各国の王やその重臣に食客《しょつかく》として召し抱えられました。客《ゲスト》の待遇です。なかでも各国の王族ら、斉の孟嘗君《もうしょうくん》、趙の平原君《へいげんくん》、魏の信陵君《しんりょうくん》、楚の春申君《しゅんしんくん》は「戦国四君《せんごくしくん》」と呼ばれ、数千人もの食客を抱えていたといわれます。戦国四君は必要に応じて食客の中から適任者を王に推薦し、内政や外交といった場面で役立てました。

秦の変法と合従連衡

各国がしのぎを削る中、いち早く抜け出したのが秦でした。紀元前359年、秦の孝《こう》公が、商鞅《しょうおう》を登用します。法家であった商鞅は、法にもとづいて国家運営を断行します。この改革は「変法《へんぽう》」と呼ばれ、基本理念は信賞必罰《しんしょうひつばつ》です。簡単にいうと、命令に従い成果を上げれば賞せられ、法に背《そむ》けば王族であっても処罰しました。果断な改革は保守派の反発を招き、孝公が亡くなると商鞅は失脚し、処刑されます。しかし、農地改革、組織改革、軍の編成や特権の規制などは商鞅の死後も存続し、秦は国力を増大させます。

秦の伸張に脅威を感じた残りの6カ国は連合して秦に対抗します。この「合従《がっしょう》」という策を各国の君主に説いたとされるのが、縦横家の蘇秦《そしん》です。合従に対して秦は、6カ国と個々に同盟を結ぶ「連衡《れんこう》」という策で切りくずしをはかります。縦横家の張儀《ちょうぎ》の弁舌によって合従は崩壊。秦の一強が続くことになります。

秦の昭襄王《しょうじょうおう》の治世においては、各国への侵攻がはげしさを増します。秦の諸将の中でも白起《はくき》の戦いぶりはすさまじく、各国は国力をすり減らしました。そして紀元前25

6年、洛邑一帯を治めるだけの存在になっていた周を、秦はとうとう滅ぼします。

危機を乗り越えて全国統一

紀元前247年、昭襄王の曾孫にあたる政《せい》が13歳で秦王に即位すると、秦はさらに躍進します。当時、商人の身分からのし上がり、政の擁立《ようりつ》に関わって宰相となった呂不韋《りょふい》が秦の実権を握っていましたが、10年がかりで呂不韋の排除に成功した政は、紀元前236年より統一戦争にとりかかります。

王翦《おうせん》をはじめとした将軍らの活躍により、紀元前230年に韓がまず滅亡します。2年後には趙、その3年後には魏を滅ぼします。次は自分たちの順番だとおそれた燕の王太子《おうたいし》は、刺客の荊軻《けいか》を送り込み、政の暗殺を試みますが、あと一歩のところで失敗。報復とばかりに紀元前222年に燕は滅ぼされます。前年には楚が滅亡しており、最後に残った斉も紀元前221年に滅ぼし、秦はついに全国を統一したのです。

知れば知るほどおもしろい中国の偉人❶

「周」の建国の立役者

太公望

たいこうぼう

（紀元前11世紀）

物語や故事成語で名前がよく知られる

日本では釣《つ》り人《びと》のことを「太公望」ともいいます。この通称は、太公望の素質を見抜いて登用した姫昌の、祖父である太公《たいこう》が待ち望んでいた人材だったことに由来し、出会った際、太公望が釣りをしていたのです。太公望のじつの名は呂尚、または姜子牙《きようしが》と伝わっています。

太公望は姫昌、姫発父子のもとで参謀役として活躍。周による殷の討伐に貢献します。周の成立後は、その功績が認められて列侯に封じられ、「斉」の初代君主となりました。

こうして出世した太公望のもとに、復縁を求めて別れた妻が訪ねてくると、太公望は目の前で水の入った盆をひっくり返します。これが、起こったことは取り返しがつかないことを意味する故事成語「覆水盆《ふくすいぼん》に返《かえ》らず」です。

また後世において、革命の歴史に神仙思想が加えられてできた物語『封神演義《ほうしんえんぎ》』の主役となっています。

chapter 2

帝政のはじまり

始皇帝による統一事業

500年以上におよんだ戦乱の時代を制して統一を成し遂げた政は「皇帝」を名乗ります。王よりも、古代の三皇五帝よりも偉大な統治者という意味が込められているといわれます。これが秦の始皇帝です。自身の死後、皇帝の座は二世皇帝、三世皇帝と受け継ぐことも定めます。なお、英語で中国のことを「China」と呼ぶのも、その昔、中国のことを「支那（シナ）」と表したのも、秦が語源ともされています。

始皇帝は中国を統一しただけでなく、後世につながる多くの業績を残しています。まず、李斯といった法家の意見を取り入れ、諸侯を置かずに皇帝に権力が集中する中央集権体制を形づくります。皇帝の下に、行政を司る丞相《じょうしょう》、軍事を司る太尉《たいい》、法務と監察を司る御史《ぎょし》大夫《たいふ》という役職を置きました。これをまとめて三公《さんこう》と呼びます。さらにその下に九卿《きゅうけい》を配置することで、それぞれの臣下の権限を限定しました。全国を36の郡に分けたうえ、さらに県に小分けして官吏を派遣して治めさせる「郡県制《ぐんけんせい》」を取り入れます。

さらに始皇帝は、それまで各国でバラバラだった度量衡《どりょうこう》（長さや重さの基準）をはじめ、文字や通貨（半両銭《はんりょうせん》）、荷車の車軸の幅も秦で使われていたものに統一しました。

また、勢力を強めつつあった北方の匈奴《きょうど》の侵攻に備え、燕や趙、斉などがそれぞれ築いていた壁をつなげ、全長1500キロメートルにおよぶ形へ整備します。これが初期の「万里《ばんり》の長城《ちょうじょう》」です。建設事業はこれに留まらず、都である咸陽《かんよう》（現在の陝西省咸陽市）の近くに、阿房宮《あぼうきゅう》という巨大な宮殿、自身の陵墓である始皇帝陵（中国政府に禁じられていて未発掘）などを建設させています。この始皇帝陵は兵馬俑《へいばよう》（陶製の兵士と馬の像）とともに世界遺産として登録されています。

これら一連の建設事業は、重税や過酷な労役となって農民にのしかかります。

大きな影響を受けたのは農民だけではありません。医療や農業に関わる書物以外で、秦に不都合なことが書かれた書物は焼き捨てられ、儒家が生き埋めにされました。この行為は「焚書坑儒《ふんしょこうじゅ》」と

秦の政治組織

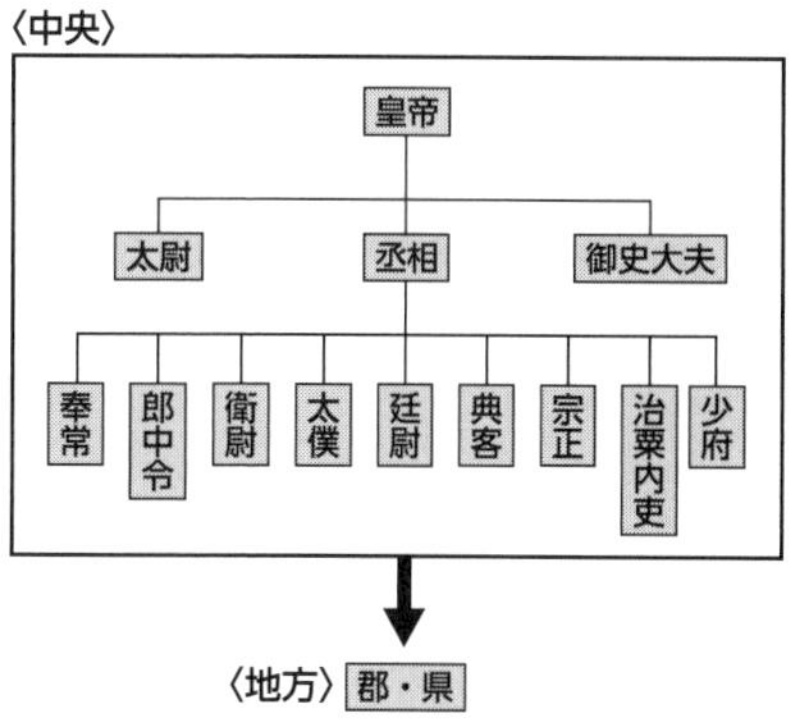

呼ばれ、始皇帝が行った最大の言論弾圧です。ただし坑儒は、不老不死の術を用いるなどとして民を惑《まど》わす怪しげな方士《ほうし》を処罰した事実が、儒家を虐殺した話にすり替わったという説もあります。

晩年の始皇帝は不老不死を目指し、方士を側に置きます。領内をめぐる巡幸《じゅんこう》の際に泰《たい》山《ざん》（現在の山東省に位置する霊山）へ立ち寄り、「封禅《ほうぜん》」という儀式を執り行ったともいわれています。封禅の儀は、天地に自身が統治者となったことを報告する儀式で、古代の帝王も執り行っていたとされています。

紀元前210年、始皇帝が巡幸の最中に49歳で病没すると、宦官の趙高《ちょうこう》や李斯の陰謀により、始皇帝の末子の胡亥《こがい》が二世皇帝に即位します。宦官とは、生殖器《せいしょくき》を切除された男性のことで、君主の生活を世話する役割を負い、これより前の時代から存在していました。権力者に近い立場にあることから、政治に介入することもしばしばありました。

二世皇帝に信任された趙高は権力を握り、李斯をも邪魔になったとして処刑します。趙高の専横により政治は混乱し、そのしわ寄せは民衆の暮らしにおよびました。

農民の不満は限界に達し、紀元前209年、農民の陳勝《ちんしょう》と呉広《ごこう》を指導者とした反乱が起こります。歴史書によれば、このとき「王侯将相《おうこうしょうしょう》いずくんぞ種《しゅ》あらんや（王侯や高官も変わりない）」と言って陳勝が決起したとされています。この中国史上初の農民反乱となった「陳勝・呉広の乱」は、半年ほどで秦の軍隊に鎮圧されたものの、2人に呼応するように各地で反乱が相次ぎました。

反乱軍が咸陽に迫ると、趙高は二世皇帝を追いつめて自害させ、代わりに皇族の子嬰《しえい》を擁立しようとしました。ところが、趙高の専横を苦々しく思っていた子嬰は趙高を殺害。そして、もはや皇帝を名乗らず、秦王に即位します。

項羽と劉邦の対決

秦への反乱が全国規模に拡大するころに話をもどします。陳勝の死後、各地の反乱勢力で頭角を現したのが項羽《こうう》と劉邦《りゅうほう》です。項羽は秦に滅ぼされた楚の将軍の一族で、猛将として名高い人物でした。対する劉邦は庶民の出でしたが、人望があり、軍師の張良《ちょうりょう》や兵糧の補給に優れた蕭何《しょうか》といった多数の有能な人材を抱えていました。

反乱勢力は滅亡した楚の王族の末裔《まつえい》を懐王《かいおう》として盟主に立てるとともに、いくつかの部隊に分かれて、秦への侵攻を開始します。関中《かんちゅう》という渭水《いすい》盆地の一帯に位置する咸陽へ真っ先に入ったのは劉邦でした。劉邦軍は咸陽で略奪を働かず、法を簡素にして庶民の人気を得ました。しかし、遅れてやってきた項羽は、劉邦が助命した秦王を殺害したうえ、阿房宮を焼いて略奪を働き、秦を滅亡させました。

その後に行われた論功行賞では、反乱に参加した各勢力が各地の王に封じられました。ただし、論功行賞は項羽の主導のもとに行われ、評価が偏《かたよ》っていたうえ、項羽自身が「西楚《せいそ》の覇王」を名乗ったため、不遇な一部の諸侯の間には不満がうず巻きます。

その典型が劉邦です。関中の辺境に位置する漢《かん》の地を劉邦は与えられ漢王となりましたが、しばらくしてのち、義《ぎ》帝（もと懐王）が項羽の手の者によって殺害されたと伝わると挙兵。項羽のやり方に不満を持つ諸侯とともに項羽との戦争を開始します。「楚漢《そかん》戦争」と呼ばれるこの戦いは当初、項羽の有利に進みますが、張良や蕭何といった臣下に加え、別働隊として動いていた韓信《かんしん》らの働きによって、徐々に劉邦が優位に立ちます。韓信は、蕭何に「国士無双《こくしむそう》」（国に2人といない逸材）と評価されたほどで、戦争に長《た》けていた人物です。

紀元前202年、垓下《がいか》の戦いにおいて油断していた項羽を打ち破ります。逃げた項羽が城に立てこもると、東西南北から楚の歌が聞こえてきました。自身と同じ楚の人までが劉邦についたと知り、敗北を悟ったことが故事成語「四面楚歌《しめんそか》」の由来です。その後、少数の兵を率いて城から打って出た項羽は、劉邦軍に討ち取られます。

こうして、ライバルの項羽を倒した劉邦により新時代が幕を開けるのです。

秦の統治を踏まえた国づくり

中国を統一した劉邦は、紀元前202年、王に封じた諸侯にすすめられて皇帝に即位します。これが漢王朝のはじまりです。同時に、正妻の皇后と後継者の皇太子という地位を新たに設けました。生前に後継者を定めておくことは、始皇帝のような失敗を防ぐ目的がありました。皇帝をはじめ、皇后とそのほかの妃らが生活をする場を「後宮《こうきゅう》」といい、多くの宦官が働くようになります。

都は臣下の進言を受けて、秦の都であった咸陽の近くに定めました。これが都の「長安」です。盆地に位置した長安は防衛に適していたうえ、黄河の支流である渭水流域が穀倉地帯だったことから、都を置くのにふさわしかったのです。

漢は統治するにあたって、基本的に秦のやり方を受け継ぎます。三公九卿の役職はそのまま活用し、秦の郡県制をもとにした「郡国制《ぐんこくせい》」を敷きました。郡国制とは、皇帝の直轄領と、王や列侯に任じた者に封地の自治権を持たせる形式とを組み合わせたもので、周の時代の封建制に近いものといえるでしょう。楚漢戦争で活躍した諸侯らは、もとは各地の有力勢力であり、劉邦はそれらの盟主という立場でした。だからこそ、その助力に報《むく》いるべく、戦中に約束していたこともあって王などに封じたのです。

また、始皇帝が定めた度量衡は、引き続き採用されたことで定着していきます。

一方で、秦の滅亡の要因でもあった厳格な法については軽減したうえ、罪の定義をわかりやすくしています。

さて、諸侯を封じていった結果、諸侯王の領地が皇帝の直轄領を上回ったため、劉邦の権力基盤は盤石《ばんじゃく》とは言い難いものでした。戦場で無類の強さを発揮し、楚王に封じた韓信をはじめ、劉邦は諸侯王らを脅威に感じていたことでしょう。さらには、何人かの諸侯王が反乱を起こしたことで、劉邦は諸侯王を信じられなくなります。

そこで劉邦は、諸侯王に無実の罪を着せて地位を格下げして権力を奪ったり、反乱を起こすよう仕向けたりして、諸侯王を次々と粛清《しゅくせい》。代わりに自身の一族を王にすえます。

国内での権力基盤を固めながら、劉邦は、匈奴への対応にも苦心します。始皇帝が長城を整備して以来、匈奴の侵入は減ったものの、匈奴を一つにまとめてリーダーの「単《ぜん》于《う》」となった冒頓《ぼくとつ》がしばしば長城を越えて侵入、民や物資を略奪するようになっていました。反乱を起こした諸侯王の中には匈奴に投降する者もあり、漢にとって無視できない存在でした。そこで、劉邦は軍を率いて遠征しますが、冒頓単于が率いる軍勢に敗北。絶体絶命のピンチに陥ったため、養女を冒頓単于に嫁《とつ》がせ、匈奴に食料や財貨を毎年贈る代わりに、匈奴は漢の領内で略奪行為を行わない、という和平協定を結びました。

以後数十年にわたって漢と匈奴は、表向きは友好関係が続きます。

親子2代にわたる善政

劉邦は皇帝に即位後も、反乱勢力の討伐に明け暮れ、その際に受けた矢傷がもとで、紀元前195年に死去します。劉邦は、死後に「太祖《たいそ》（高祖《こうそ》）」という廟号《びょうごう》が贈られました。廟号とは、歴代の皇帝の霊を祀《まつ》る宗廟《そうびょう》に記載する名前のことです。「祖」や「宗」の文字が使われ、太祖は多くの場合、王朝の創始者につけられます。廟号のない場合は、在位中に皇帝の位を廃されたりして、正統な皇帝と認められていない、ということになります。

廟号のほかに、王や皇帝の死後にその業績や人柄などをもとにつけられる「諡号《しごう》」があり、周の時代から存在していました。「文」「武」といった漢字を用いてたたえる一方、「霊」を用いて悪く評価することもありました。

劉邦には、皇后の呂雉《りょち》（呂后《りょこう》）をはじめ、複数の側室との間に多くの子どもがいました。その中から次に皇帝となったのは、呂后との間に生まれた劉盈《りゅうえい》（恵帝《けいてい》）です。恵帝が政務を始めて間もなく、劉邦が目をかけていた側室やその子を呂后が殺害します。母親の残忍な行為にショックを受けた恵帝は、政務をかえりみなくなり、荒《すさ》んだ生活を送り、それがたたって死去します。

呂后は、恵帝の幼い息子2人（うち1人は恵帝の実子ではないとする説もある）を順番に皇位につけ、実権を握りました。さらに、王に封じられていた劉氏一族を次々に粛清し、自身の一族を取り立てます。外戚である呂氏一族の専横をうながし、かつ自身も数々の暴挙を働きました。

前漢の皇帝一覧

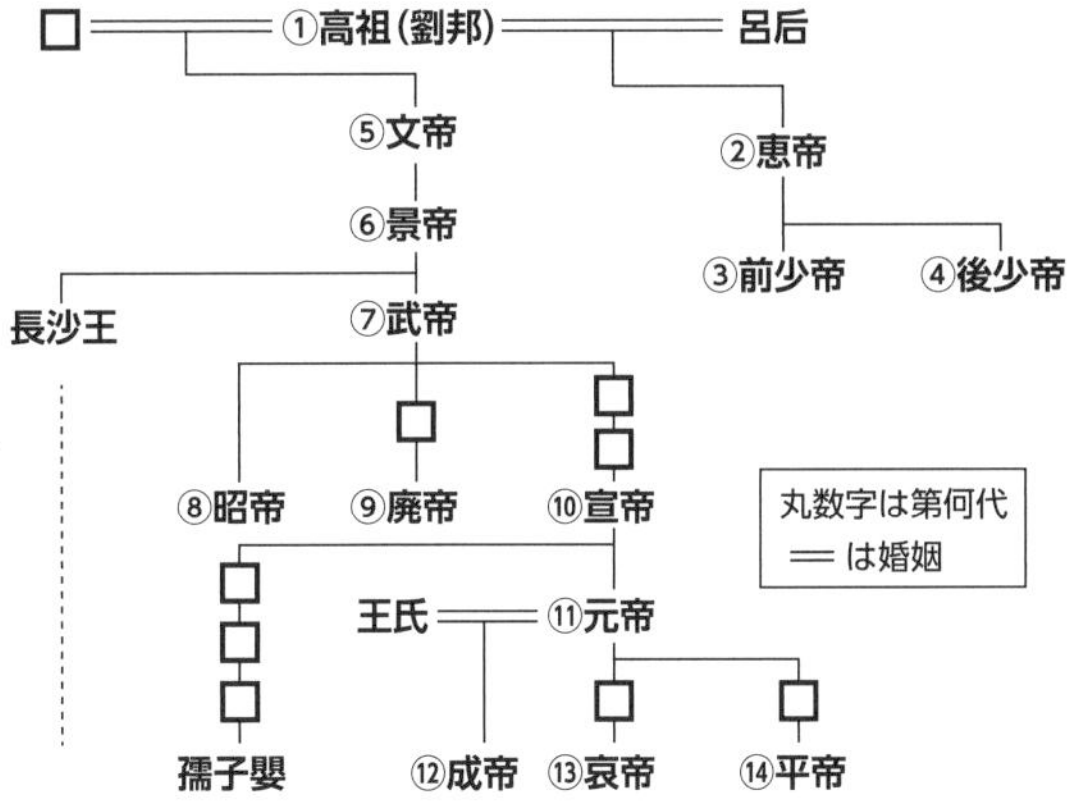

そんな呂氏一族の専横も、紀元前180年に呂后が没すると終わりを迎えます。劉邦の遺臣らが中心となって起こしたクーデターにより、呂氏一族が排除されたのです。そして劉邦の息子であり、粛清を免れていた劉恒《りゅうこう》（文《ぶん》帝）が即位します。

文帝は人格者として知られた人物でした。みずから倹約に努め、大規模な公共工事を取りやめ、農作物にかかる税を何度も引き下げます。さらに、秦の時代から残っていた体を傷つける刑罰や、罪が家族や一族におよぶ連座制を廃止するなど、寛容な政治を心がけました。

次の景帝《けい》も、父親の文帝にならって質素倹約に努め、農民に活力をもたらすための政策を継承します。これにより、農民の生産力は向上し、「倉庫に食料があふれ、食べきれずに腐ってしまった」という逸話が残るほど、安定した社会を築きました。親子2代にわたる治世は「文景の治《ぶんけい》」と呼ばれ、漢でもっとも安定した時代とされています。ただし、戦乱がなかったかというと、そうではありません。

景帝の治世になると、皇帝と劉氏一族の諸侯王の結束力が弱まっていたうえ、強大な統治権を持つ諸侯王らの所領は半ば独立国のようになっていました。この状況を危ぶんだ御史大夫である鼂錯《ちょうそ》の意見を景帝は取り入れ、諸侯王の所領を削減していきます。すると、紀元前154年、反発した呉王が「皇帝を惑わす鼂錯を排除する」という名目で兵を興し、楚や趙など、ほか6カ国の諸侯王が同調します。

慌てた景帝は鼂錯を処刑したものの、乱は鎮まらず大軍勢が長安に迫ります。これに対して、守りを固めながら反乱軍の補給を断つという持久戦に持ち込み、皇帝側が勝利を収めました。乱は3カ月で鎮まり、乱に加わった諸侯王は処分されるか自害します。

この「呉楚七国《ごそしちこく》の乱」を契機に諸侯王の権限は削《そ》がれ、事実上、郡県制へ移行します。

武帝が後世に残したもの

紀元前141年に景帝が没すると、その子どもの劉徹《りゅうてつ》（武帝《ぶ》）が16歳で即位します。すでにこのころになると、中央集権化が進んでおり、諸侯王や、列侯に以前のような力はなくなっていました。そのうえ紀元前127年に、後継者以外の子弟への封地の分割を認めたことで国の細分化が進み、諸侯王の力は弱まっていきます。その弊害として、郡のトップである太守《たいしゅ》の中には酷吏《こくり》と呼ばれる犯罪をきびしく取り締まる者が増えていました。そのため、武帝は紀元前106年に全国を13州に分け、州のトップとして刺史《しし》を配置し、太守やその地方の豪族の動向を監視させます。

また、武帝は儒者の董仲舒《とうちゅうじょ》の進言を受け、それまで主流だった道家をはじめとした思想を政治から取り除き、秩序や儀礼を重んじる儒家の教え（儒教）のみを政策に取り入れるよ

うになりました。こうして、儒学の〝国教化〟が始まったとされています。儒学の五経（『易経《えききょう》』『書経《しょきょう》』『詩経《しきょう》』『礼記《らいき》』『春秋《しゅんじゅう》』）が経典として定められ、儒学を教える五経博《ごきょうはか》士《せ》のほか、長安に官吏を養成するための施設「太学《たいがく》」が置かれました。

太学だけでは人材不足のため、「郷挙里選《きょうきょりせん》」を導入します。これは地方の優れた人格（徳目）を有する人物を地方の長官に推薦させ、官吏として登用するという政策です。賢良《けんりょう》や孝廉《こうれん》といった徳目がありました。

武帝のころになると、天子という称号が再び使われるようになっていました。天子とは周の時代の王が使っていた称号で、「天の意思によって地上の支配を認められた存在」です。対して皇帝とは「地上を支配することを人々に認められた権力者」を意味します。皇帝に加えて、天子という称号はかっこうの権威づけになりました。「朝廷《ちょうてい》」という言葉は「天子が政治を執り行う場所」を意味します。

初めて「元号」を定めたのも武帝です。「皇帝は時間をも支配する」といった考えがもとになっており、武帝が即位した翌年の紀元前140年を「建元元年《けんげんがんねん》」として、その後は何度か元号を変更する改元《かいげん》を行っています。改元を決めるのも皇帝の権限です。

西方への進出

高祖以来、財貨を支払うことで平穏を保っていた匈奴に対して、武帝は攻勢に出ます。紀元前129年、武帝は将軍の衛青《えいせい》、そのおいの霍去病《かくきょへい》らを差し向け、匈奴を北へ追いやり、タリム盆地に至るまでの地域を勢力下に置きました。このタリム盆地一帯を漢は西域《さいいき》（現在の青海省《せいかい》・新疆《しんきょう》ウイグル自治区）とし、めずらしい果物や美術品、汗血馬《かんけつば》と呼ばれる軍馬に適した種が国内に流入しました。

西域への進出に功績のあった人物に張騫《ちょうけん》がいます。武帝の命令で西域に派遣され、十余年の歳月を経て、西域の国家の情報を持ち帰ります。

さらに、中央アジアを越えてヨーロッパまでつながる交易路も開かれました。漢の主な輸出品が絹織物だったことから、この交易路はのちに「シルクロード」と呼ばれるようになります。

匈奴だけではなく、南の南越国《なんえつ》（現在のベトナム）方面に攻め込み日南《にちなん》郡など9郡を、朝鮮半島にも攻め込み楽浪《らくろう》郡など4郡を置き、版図を拡大しました。

武帝の治世における漢の版図

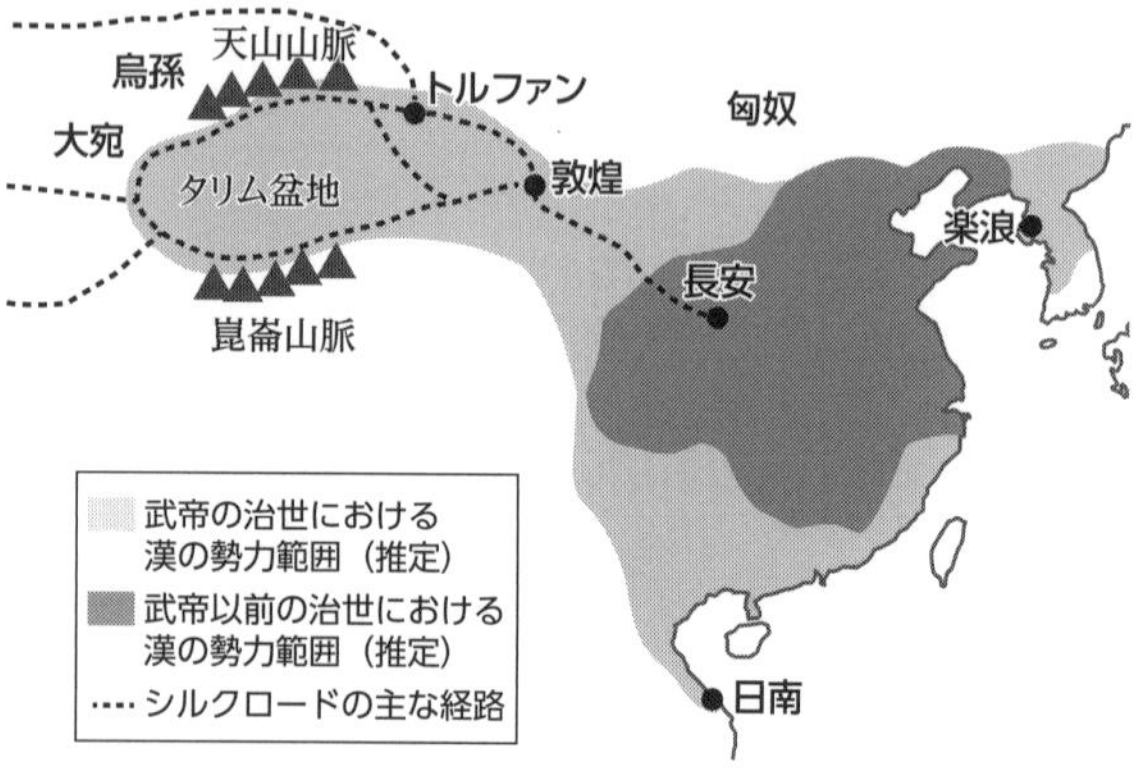

このころから儒教の国教化にともない、「華《か》夷《い》（中華）思想」も定着していきます。中華思想とは、自分たち漢人の国こそが世界の中心であり、その影響がおよばない周辺の人々、集団を未開人として東夷《とうい》・西戎《せいじゅう》・南蛮《なんばん》・北狄《ほくてき》と見なした優越意識のことです。こうした考えは以前からありましたが、漢の強大な軍事力や経済力、進んだ文化によって、名実共に中華こそが世界の中心と考えられるようになったのです。

そして、漢に服属して貢物などを送る朝貢国《ちょうこうこく》には、漢が貢物以上に価値のあるものを施《ほどこ》すという関係が築かれます。これを「冊封体制《さくほうたいせい》」といいますが、中国史学者で日本人の西嶋定生《にしじまさだお》氏が20世紀に提唱した語句です。

対外戦争のほかにも、宮殿の築造や治水事業を行い、財政を圧迫したことから、武帝はさまざまな財政政策を打ち出します。具体的には、生活必需品である塩、鉄、酒を専《せん》売《ばい》とし、莫大な利益が国の収入となりました。

また、物価の統制を目的として、地方の特産物を税として納めさせ、不足する地方で転売する均輸《きんゆ》法、豊作の年の物資を政府が購入し、不作時に蓄えて置いた物資を政府が販売する平準《へいじゅん》法が導入されます。新たに発行された通貨の五銖銭《ごしゅせん》は、以降の王朝でも使われることになりました。

紀元前110年、武帝は巡幸した際、泰山に立ち寄り封禅の儀を行いました。しかし、それからの武帝は神仙思想にとりつかれ、不老不死を望むようになり、方士を側に置くようになります。猜疑心《さいぎしん》も強まり、臣下を捕らえては処刑していきます。

紀元前91年には、皇太子が挙兵し、最後は自害するという「巫蠱《ふこ》の乱」が起こります。皇太子が武帝を呪い殺そうとしているとの噂が立ち、疑われた皇太子がやむなく挙兵したのです。のちに皇太子が無実だったことがわかり、武帝は深く悲しみ、やがて病がちとなり、紀元前87年に没します。武帝の治世は54年にもおよび、その治世で生み出された数々の政策が、後世の帝政の基盤となりました。

民にやさしく官吏にきびしく

武帝の後を継いだ昭帝《しょう》はまだ8歳だったため、武帝の遺言によって、霍去病《かくきょへい》の弟で外戚にあたる霍光《かくこう》らが昭帝を補佐することになります。当時国内は、武帝の積極的な対外政策などで生じた負担により、国の財政は危機的な状況でした。国民も疲弊《ひへい》していたため、労役の負担を減らすなどして、国力の回復がはかられます。また、匈奴などを攻めることはせず、防衛するに留めました。

昭帝が在位13年で没すると、霍光は昭帝のおいを即位させますが、素行不良という理由ですぐ廃位させます。廃位された皇帝には諡号が贈られず、一律、「廃帝」と呼ばれます。次に、自害した武帝の皇太子の孫を探し出して、皇帝に即位させました。これが宣帝《せん》です。そのうえで娘を宣帝の皇后とし、霍氏一族を取り立て、政治を思うがまま動かします。その独裁は国民にとっては善政といえましたが、朝廷においては権力のゆがみを生じさせ、外戚が政治を専横する悪《あ》しき事例をつくったともいえます。

紀元前68年、霍光が死去すると、霍氏一族を排除して、宣帝が親政を開始します。宣帝は巫蠱の獄の際、祖父母と父母といった身内を失い、青年期まで民間で育ちました。その特異な生い立ちゆえでしょう、宣帝は税を軽くしたほか、貧民に土地を与えて農業を奨励するなど、国民の生活安定を重視した政治を行います。さらに、循吏《じゅんり》と呼ばれる有能な役人に地方を統治させて中央集権化をはかる一方で、酷吏を中央に置き、朝廷の綱紀を粛清して皇帝の権威を復活させました。

業績でもう一つ宣帝の注目すべきは、儒教の本格的な国教化です。武帝によって五経博士は置かれていましたが、実際に、儒教の儀礼を国の祭祀（天地や祖先を祀ること）に取り入れたのは、宣帝の時代以降のことです。

対外的には、匈奴の内部闘争に乗じて戦果を収め、西域の支配権が強化されました。紀元前49年に宣帝が死去します。漢は国力を盛り返したことから、宣帝は中興《ちゅうこう》の祖《そ》としてたたえられています。

中国史上初の「禅譲」

宣帝の後を継いだ元帝《げん》は、生前に父親である宣帝に儒教への傾倒ぶりを強く戒《いまし》められていました。案の定、皇帝に即位すると、積極的に儒者を官吏として起用し、民から不評だった塩と鉄の専売を廃止するといった、民を慈《いつく》しむことをモットーとする儒教の考えにもとづいた政治を行います。その結果、儒教は国教として根づくことになりましたが財政は悪化。さらに、宣帝のころから仕えていた宦官と、新たに政治に参加するようになった儒者とが対立し、政治も混乱します。

こうして、宣帝の治世で上向いた国力が、再び下降していくことになります。元帝が没してその息子が皇帝（成《せい》帝）に即位すると、母である王氏一族が外戚として力を持ちました。成帝には後を継ぐ男子がいなかったため、おいを皇帝（哀《あい》帝）に立てますが早世します。そして、王氏一族の王莽《おうもう》が、9歳だった成帝のもう1人のおいを皇帝（平《へい》帝）に立て、実権を握ります。

この平帝も14歳で没します。毒殺説もありますが、王莽はわずか2歳の孺子嬰《じゅしえい》を次の皇帝に立て、自身は仮《か》皇帝（摂《せっ》皇帝）と名乗ります。このとき、王莽は一種の予言である「讖緯説《しんいせつ》（図讖《としん》）」を利用し、「自分が皇帝になることは昔から決まっていた」と正当性を演出しました。こうした印象操作の末に、紀元8年に孺子嬰から帝位を譲られます。

伝説とされる三皇五帝の時代を除けば、これが中国史上初となる禅譲であり、その形式をとった政権の奪取です。皇帝となった王莽は、国号を「新《しん》」と定めます。

王莽は、儒教において理想の社会とされる古代の周王朝の政治を復活させ、農地の国有化や市場の統制などを実行します。しかし、あまりに時代錯誤な政策は社会に混乱を招いたうえ、飢饉《ききん》まで発生し、各地で反乱が起こります。

なかでも、17年に結成された緑林《りょくりん》軍と、翌18年に結成された赤眉《せきび》軍は大規模な反乱軍でした。前者は当初、緑林山を根拠地としたこと、後者は眉を赤く染めたことに由来します。赤眉軍の結成をきっかけに、各地の豪族も立ち上がるなど、反乱が拡大したことから「赤眉の乱」とも呼ばれます。対して王莽は、反乱軍の鎮圧に軍を差し向けますが失敗に終わります。23年には反乱軍に都の長安が占領され、王莽は殺害されます。新は王莽の1代限り、わずか15年で滅びました。

この後、新しく国を打ち立てるのが、景帝の子孫で南陽郡《なんよう》(現在の湖北省)の豪族だった劉秀《りゅうしゅう》です。劉秀は兄らとともに決起して緑林軍に加わり、昆陽《こんよう》の戦いにおいて新の大軍を打ち破る目覚ましい活躍を見せ、勢力を伸ばします。王莽の死後、同族の劉玄《りゅうげん》が皇帝（更始帝《こうし》）に即位したものの、赤眉軍を統率できずに殺害されると、25年に劉秀が皇帝（光武帝《こうぶ》）に即位し、漢を再興しました。

以降の漢を「後漢《ごかん》」と呼び、王莽に滅ぼされる前の漢を「前漢《ぜんかん》」と呼んで区別されます。27年には赤眉軍ら各地の反乱勢力を抑えて、光武帝は全国を平定しました。

前漢の政治を復活させる

光武帝は荒廃した長安から自身の本拠地に近い、東の洛陽《らくよう》（後漢での正式名称は「雒《らく》陽《よう》」）へと都を移します。このことから中国では、後漢を「東漢《とうかん》」、前漢を「西漢《せいかん》」といって区別しています。

まず、王莽の治世に定められた法を廃止し、光武帝は前漢の政治を復活させました。従来の三公九卿は維持しつつ、丞相と御史大夫を、司徒《しと》と司空《しくう》にそれぞれ改めます。また、全国の平定に協力した将軍らから兵権を取り上げる代わりに爵位と土地を与え、大きな権限を持つ勢力が生まれないようにしました。そして国力を回復すべく、新の時代に奴婢《ぬひ》（奴隷《どれい》）とされた人々の解放、戸籍の整理、税の軽減や兵士の削減を行います。

さらに、光武帝は儒教を奨励します。五経博士を増員のほか、都だけなく地方にも儒教を学ぶ施設を建てます。加えて、郷挙里選の科目の孝廉を重視したことで、儒教の素養が必須となりました。これをきっかけとして、以降の王朝では、儒教を身につけた官吏が朝廷に出仕するようになります。

56年に封禅の儀を執り行った翌年、「倭奴国王《わどこくおう》」の使者に印綬《いんじゅ》を与えます。これが日本で江戸時代に発見された金印《きんいん》です。印綬の印はハンコ、綬は印をぶら下げるための「ひも」であり、それぞれ仕様が異なっており、臣下の地位を表しました。ちなみに、皇帝だけがあつかう印章《ハンコ》は「玉璽《ぎょくじ》（伝国璽《でんこくじ》）」と呼ばれ、正統な王朝であることを示す証《あかし》とされることもありました。同年、光武帝は在位33年で死去します。

次の明《めい》帝は、父親である光武帝の政策路線を継承し、国内を安定させたほか、儒教の普及に力を入れました。外交政策では、内部抗争により北と南に分裂した匈奴のうち、南匈奴《みなみきょうど》

を臣従させる一方、北匈奴《きたきょうど》を討伐します。このとき、西域に派遣された班超《はんちょう》は「虎穴《こけつ》に入らずんば虎子《こじ》を得ず」（危険を冒《おか》さなければ、大きな成果は得られない）と味方を鼓《こ》舞《ぶ》し、北匈奴の集団に少数で勝利しました。班超は西域での活躍が認められ、西域を管《かん》轄《かつ》する西域都護《さいいきとご》に任じられています。

班超の兄を班固《はんこ》といい、前漢の歴史をまとめた『漢書《かんじょ》』の編纂《へんさん》者です。班固がのちに謀反《むほん》に連座して獄死すると、妹の班昭《はんしょう》が編纂を引き継ぎ、80年ごろに完成させます。

明帝が75年に死去すると、その息子の章《しょう》帝が後を継ぎます。章帝は、より寛容な政治を心がけ、後漢の最盛期を築きました。

外戚と宦官の権力争い

章帝が死去すると、その息子が皇帝（和《わ》帝）に即位します。和帝が幼かったことから、章帝の皇后であった竇太后《とうたいこう》が後見人となりました。ただし、実母でもない竇太后が自身の一族を優遇するようになります。成長した和帝は、宦官の鄭衆《ていしゅう》の協力のもと竇氏一族を排除すると、鄭衆を宦官の最高位に就けたのをはじめ、宦官を重用したため、宦官の政治への影響力は強まります。とはいえ、鄭衆は清廉な人物であり、同じく和帝に仕えた宦官の蔡倫《さいりん》は、それまでの竹簡や木簡に代わる紙に関する新たな技術を発明しています。しかし、和帝以降の時代は、権力におぼれて私腹を肥やす宦官が増えていきます。

同じことは外戚にもいえました。和帝以降の外戚は皇帝の血縁であることを笠に着て、宦官との間ではげしい権力争いをくり広げます。争いに拍車をかけたのが皇帝の短命です。ようやく実権を握った和帝も20代後半で死去し、次に皇帝となったのは、中国史上最年少の皇帝となる生後100日余りの殤《しょう》帝でした。しかも、殤帝は在位7カ月で死去しました。

以後の皇帝は、外戚や宦官によって成人前に擁立されますが、実権を持たない操り人形のような存在でした。そのほとんどが若くして亡く

後漢の皇帝一覧

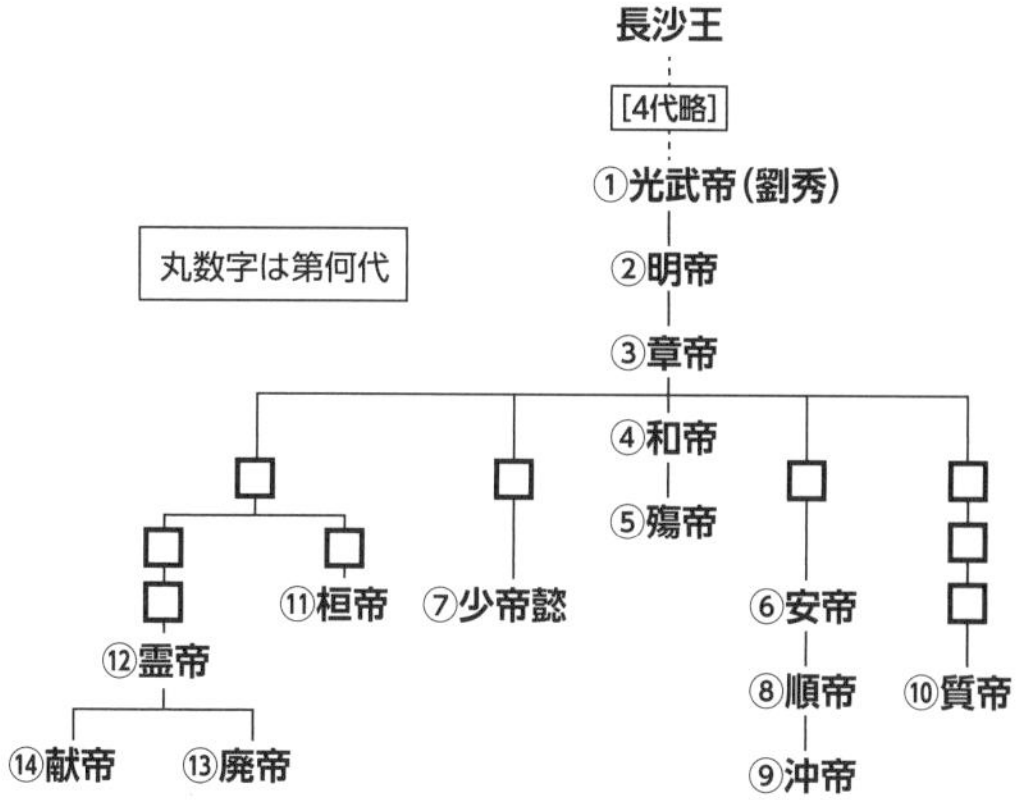

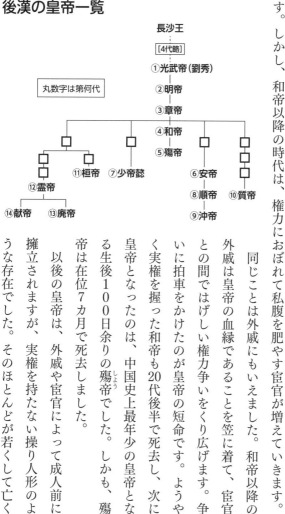

なり、次の皇位をめぐって暗殺やクーデターといった権力争いが起こります。当然、政治は乱れ、このころになると、西域の版図は失われ、遊牧民が侵入してくる有様でした。

清流派vs濁流派

桓《かん》帝の治世において、宦官の専横を憂いたのは儒教を身につけた官吏でした。彼らはみずからを清流《せいりゅう》と位置づける一方、宦官を濁流《だくりゅう》と呼んで批判を展開します。対して宦官は、批判は朝廷に向けられたとして清流派を党人《とうじん》と非難して官職から追放しました。これを「党錮《とうこ》の禁《きん》」といいます。

桓帝の治世である166年には約200人が捕らえられ、次の霊《れい》帝の治世では100人以上が処刑や追放となります。霊帝が政務に関心を示さず、酒色におぼれたことも、宦官の増長を許し、政治の腐敗を加速させました。

そのころ、日本では？

歴史書『後漢書』によると、107年に倭《わ》国王の帥升《すいしょう》が生口《せいこう》（奴隷と推定される）を献上したと記録に残っています。帥升が称号か名前かはわかっておらず、北九州に存在したいくつかの国の代表者が、外交関係を結ぶために漢を訪れたのではとも考えられています。

2世紀後半からの世界的な寒冷化にともない、天候不順による農作物の不作が続き、困窮した農民による反乱が頻発します。そのうち最大規模だったのが、184年に起こった「黄巾《こうきん》の乱」です。黄巾の乱は、民間宗教の太平道《たいへいどう》を中核とし、その名は反乱軍が黄色の頭巾《ずきん》を巻いていたことに由来します。朝廷は地方の争乱に有効な対策を打ち出せず、兵権を与えられた州の監察官である州牧や刺史が乱の鎮圧で活躍し、乱の平定後に大きな力を持つようになります。

後漢末の行政区画

後漢末期に雍州が設置された。

群雄割拠から三国時代へ

189年に霊帝が死去すると、2人の遺児の間で後継者争いが起こります。そうして宮中が混乱に陥ったところに軍を率いた董卓《とうたく》が駆けつけて朝廷を掌握します。董卓は涼州《りょう》を地盤とし、精強な軍を有していた将軍です。董卓は劉弁を退位させ、その弟の劉協《りゅうきょう》（献《けん》帝）を即位させると、実権を握ります。

董卓の独裁を嫌う、各地の太守や州牧、刺史、豪族などが連合して洛陽に迫ると、董卓は皇帝を連れて長安に遷都します。その後、内部抗争から反董卓連合軍は解散。それぞれの地盤で勢力を築いて争うようになり、董卓も部下の呂布《りょふ》に殺害されたことから、混乱の度はいっそう増します。

群雄割拠から頭一つ抜け出たのは、献帝を保護した曹操でした。皇帝を後ろ盾としつつ、軍事力を背景に群雄を打ち破っていきました。とくに、群雄の1人であった袁紹との戦いに勝利して以降、華北一帯を勢力下に置きます。曹操は、平時は農業に従事させた者を戦争時は兵士とする屯《とん》田《でん》制を敷くなど国力の増強に努めたほか、宮中の腐敗を取り締まるなどして魏《ぎ》王に封じられました。

曹操が存命中、献帝は皇帝であり続け、後漢は存続して

そのころ、日本では？

後漢末期、そのころの日本では内乱が起こり、女王が立てられることでようやく乱が鎮まったと、歴史書『後漢書』の東夷伝に記載されています。これが、邪馬台国《やまたいこく》の卑弥呼《ひみこ》です。ただし、邪馬台国がどこにあったかは諸説あり、わかっていません。

いました。しかし、220年に曹操が死去すると、後を継いだ息子の曹丕《そうひ》が献帝から禅譲されて皇帝に即位し、国号を「魏」とします。表向きは地位を譲られたという形ですが、実質的には簒奪《さんだつ》でした。こうして後漢は滅亡しました。

同時期、皇族の末裔を自称し、益州《えき》を支配していた劉備《りゅうび》は、献帝の退位をきっかけに、221年に皇帝を名乗り、「蜀《しょく》」を建国しました。

長江下流域で勢力を築いたのが孫権です。208年の赤壁《せきへき》の戦いで曹操が率いる大軍相手に勝利すると、半ば独立した勢力となりました。孫権の支配する地域は「呉」と呼ばれ、222年に王位に就き、229年には皇帝に即位します。

この時代については、歴史家でもあった陳寿《ちんじゅ》が『三国志』にくわしく記しています。有名な小説『三国志演義』では曹操が悪役に仕立てられていますが、『三国志』では魏が正統な王朝として描かれています。

漢は一時途絶えたこともありましたが、400年以上も続き、以後の王朝に継承されるさまざまな基礎がつくられた時代でもありました。そのため、漢字（漢語）や漢民族など、現在においても、〝漢〟のつく語句が残っています。

知れば知るほどおもしろい中国の偉人❷

名著『史記』を完成させた歴史家

司馬遷

しばせん

（紀元前 145 ごろ～紀元前 86 ごろ）

恥を忍んで己の使命を全う

周の時代において史官《しかん》（歴史を記録する官職）だった家系に生まれた司馬遷は、20歳のとき、父親の指示で全国をめぐり、伝聞や史料を集めます。その父親が史書の編纂途中で没すると、その志を引き継ぐとともに、父と同じく太史令《たいしれい》（暦を司る役職）に任じられます。

ところが、とある将軍を弁護したことにより武帝の怒りを買い、死刑を言いわたされたため、死刑を免れるべく、宮刑《きゅうけい》（男性器を切断する刑）を受けます。司馬遷にとって宮刑は大変な恥辱《ちじょく》でしたが、ひとえに、父から託された史書を完成させるための選択でした。

以後、宦官となって武帝に仕えるかたわら、『史記』を完成させました。『史記』は、のちの史書のお手本となったのに加え、古代の人々の生きざまが臨場感たっぷりに描かれていることから傑作とされ、2000年以上にわたって読み継がれています。

chapter 3

南北分立の時代

利用された新たな人材登用

後漢が滅亡した220年、魏（曹魏）・呉（孫呉）・蜀（蜀漢）の3カ国が並び立つ、いわゆる「三国時代」が訪れます。最大の勢力だった魏は、皇帝に即位した曹丕（文帝）のもとで、統治制度の整備が進められます。

その中でも、後世に影響を与えることになるのが、九品官人法《きゅうひんかんじん》（九品中正《ちゅうせい》）です。この制度は郷挙里選をもとにしており、地方の有力者に有能な人材をランクづけ（一品から九品まで）させたうえ、推薦させる制度です。しかし、地方の有力豪族が自身の一族を推薦したため、地方の有力豪族が中央に進出する手段として利用されます。文帝が死去し、その息子が皇帝（明帝）になると、有力豪族が官職を占めるようになり、のちの貴族階級が成立する要因となっていくのです。

明帝から篤く信頼された人物が、曹操の代から仕えていた司馬懿《しばい》でした。司馬懿は、西では蜀の侵攻をくい止め、東では遼東を平定するなどの功績を上げます。そして、明帝が亡くなると、幼い皇帝を傀儡《かいらい》として司馬一族が魏の実権を握りました。

３カ国のうち、最初に滅亡したのは蜀です。劉備が亡くなると、その息子の劉禅《りゅうぜん》が皇帝に即位しました。代替わりして国政の舵取《かじと》りを任されたのが、先代の劉備のころから仕えていた諸葛亮《しょかつりょう》です。諸葛亮は丞相の地位に就くと、国内を整備したうえ、劉備の悲願であった全国統一のため、魏へ侵攻します。ところが、司馬懿をはじめとした魏の勇将にはばまれ、対陣したまま病没します。

　国の柱であった諸葛亮の死後、劉禅が宦官を重用したことなどから国政は混乱。蜀はみるみる弱体化し、２６３年、魏に攻め込まれて滅亡します。このことから、劉禅は暗君とされ、その幼名である「阿斗《あと》」は、今も中国において愚かな人を指す代名詞にもなっています。

　蜀が滅んだ翌々年、司馬懿の孫にあたる司馬《しば》炎《えん》が、その傀儡であった魏の元帝から禅譲されて皇帝（武帝）に即位し、「晋」を建国。魏は滅亡しました。

三国時代の勢力図

最後まで残ったのは呉でした。その呉では、初代皇帝の孫権の孫にあたる孫皓《そんこう》が皇帝となると、親族や臣下を殺害。身内から離反が相次ぎ、政権が不安定になったところを晋に攻め込まれ、280年に滅亡しました。

こうして、魏でも、呉でも、蜀でもない、晋によって三国時代は幕を閉じるのです。

貴族政治のはじまり

武帝は司馬一族を各地の王に封じ、兵権を持たせます。魏が滅んだのは皇帝の権力が弱かったからであり、同族に力を与えて皇帝を補佐させようと考えたのです。加えて、政権を支える有能の士を集めようと、九品官人法を引き続き採用しましたが、有力豪族が官職を独占するようになり、門閥《もんばつ》貴族が形成され、貴族政治が始まります。

また、土地や徴税に関わる制度を改めます。導入された占田《せんでん》・課田《かでん》法の詳細はよくわかっていませんが、豪族が土地を私物化することを制限しつつ、貸しつけた土地を農民が開墾することで税収の向上をはかろうとしたようです。

熱心に政務に取り組んでいた武帝でしたが、国内の統一を果たして気がゆるんだのか、酒色におぼれ、290年に死去します。後を継いだ恵帝は暗愚だったことから、その皇后を中心とした一族が政治を好き勝手に動かし、邪魔になった司馬一族を処刑し始めました。そして、ついには恵帝と別の后の子である皇太子までも殺害します。事ここに至り、司馬一族の複数の王がともに決起して、皇后とその一族を粛清します。これで政治は落ち着きを取りもどすかに見えましたが、今度はその王らが権力を握ることに不満を持った別の王が立ち上がるなどして、権力争いがくり広げられます。

諸王らの争いは、306年に恵帝が死去したことでようやく終息し、恵帝の異母弟が新たに皇帝（懐《かい》帝）に即位します。主に8人の王が関わった「八王《はちおう》の乱」と呼ばれることの戦乱によって、晋の国力は大幅に低下しました。

遊牧国家が乱立

八王の乱の際、諸王は自領の兵ばかりではなく、北方の遊牧民を味方に引き入れて戦力としました、騎馬のあつかいに長けた遊牧民は強力な戦力だったからです。しかし、北方から招き入れたことが、晋国内での遊牧民の勢力拡大を許すことになります。4〜

5世紀に起こった地球規模の寒冷化によって、北方の遊牧民は居住に適した華北への南下をうかがっていたからです。

当時の遊牧民はひとくくりに「胡《こ》族」と漢人から呼ばれていましたが、実際にはそれぞれの部族に分かれており、代表的な五つの部族を「五胡」といいました。

五胡の一つが「匈奴」です。漢の時代に南北に分かれて以来、南匈奴は漢の時代から支配体制に組み込まれていました。残りの四つは、モンゴル高原に居住していた遊牧民の「鮮卑《せんぴ》」、匈奴から分かれた「羯《けつ》」、西北の遊牧民でありチベット系の「氐《てい》」、同じくチベット系で青海地方に居住していた「羌《きょう》」です。

その中から、匈奴出身の劉淵《りゅうえん》が、八王の乱の混乱に乗じて勢力を伸ばすと、304年に漢の後継を自称して「漢」を建国。308年には皇帝を名乗ります。劉淵の息子の劉《りゅう》聡《そう》は中原に進出し、311年、晋の都の洛陽を陥落させ、懐帝を捕えました。このできごとは「永嘉《えいか》の乱」と呼ばれ、晋が滅亡する決定打となります。懐帝は漢の本拠地に連行されたあと殺害されました。

司馬鄴《しばぎょう》が新たな皇帝（愍《びん》帝）に立てられましたが、長安一帯を治めるほどの勢力しか

五胡十六国の分布と東晋の版図

	国号	種族		国号	種族
1	前趙	匈奴	9	西秦	鮮卑
2	成漢	氐	10	後涼	氐
3	後趙	羯	11	南涼	鮮卑
4	前燕	鮮卑	12	北涼	匈奴
5	前涼	漢人	13	南燕	鮮卑
6	前秦	氐	14	西涼	漢人
7	後燕	鮮卑	15	夏	匈奴
8	後秦	羌	16	北燕	漢人

※各数字は国の成立順を表す。異説もある。

なく、助けようとする勢力も現れませんでした。３１６年、攻め寄せてきた劉聡の前に愍帝は降伏、晋は滅亡しました。司馬鄴も漢の本拠地に連行され、殺害されます。

３１８年の劉聡の死去後、その外戚が帝位を乗っ取り、漢は滅びます。一族の劉曜《りゅうよう》は兵を率いて長安へと帰国。外戚を除いて皇帝に即位し、国号を「趙」としました。その隙をねらって、羯出身で劉淵の代から仕えていた重臣の石勒《せきろく》が自立。劉曜との争いに勝利し、皇帝に即位すると、華北のほぼ全域を平定しました。歴史上、劉曜の建国した趙は「前趙《ぜんちょう》」とされ、石勒が建国した「後趙《こうちょう》」と区別されます。

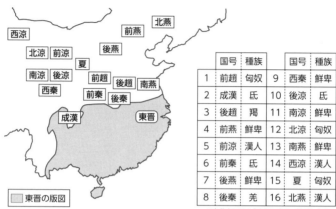

石勒の死後、数代のちに権力争いが起こり後趙も滅亡すると、いくつかの王朝交代を経て、氐出身の苻堅《ふけん》が建国した「秦（前秦《ぜんしん》）」が、華北一帯に支配権を確立します。勢いづいた苻堅は東晋《とうしん》（次ページ参照）の支配を目論み、大軍を送り込みます。しかし、383年の淝水《ひすい》の戦いにおいて、東晋の総指揮を任された謝安《しゃあん》が派遣した、そのおいである謝玄《しゃげん》らが率いる軍に大敗します。

一大決戦に敗れたことで、諸部族の連合体であった前秦では離反が相次ぎ、諸部族は独自に国を建て、前秦の支配から脱していきました。そのうえ、それぞれの国が争った結果、新たな国が生まれては滅びるということがくり返されます。

4世紀から5世紀までの間に、興亡した華北の国は16を数えます。南に東晋、北に小国家が乱立したこの時代を「五胡十六国時代」といいます。実際には、それ以上の国が存在していましたが、短命に終わったことから教えられていません。

安泰ではなかった江南

317年、江南を拠点としていた司馬懿の曾孫にあたる司馬睿《しばえい》が、建康《けんこう》（現在の江蘇《こうそ》省南京市）を都として晋を再建し、翌年には皇帝に即位します。歴史上、司馬睿に再建される前の晋を「西晋」、再建されたあとの晋を「東晋」と呼びます。

三国時代の呉のころから江南の開発は始まっていましたが、華北から移り住んだ豪族が開発を加速させ、新たな物流によって経済を発展させていきました。また、東晋政権は華北から逃れてきた流民に土地を与え、戸籍を整理し、税を徴収します。やがて、食料の生産量は拡大し、人口も増えたおかげで東晋は国力を安定させることができました。

とはいえ、皇帝自身が移住者であったため、政権の基盤はとても脆弱《ぜいじゃく》でした。そこで、土着の江南の豪族と、華北から移り住んだ貴族らの協力のもとに軍を整備。華北の胡族との戦いに対応する北府《ほくふ》軍と、建康およびその周辺を守備する西府《せいふ》軍が設置されました。前述した謝玄は北府軍の将です。

ところが、軍事力を背景に両軍は政治に介入するようになり、北府軍と西府軍の間で権力争いが起こります。４０３年には、西府軍のトップだった桓玄《かんげん》が北府軍も支配下に収め、安帝を廃位に追い込みました。その数カ月後には、北府軍の将だった劉裕《りゅうゆう》がクーデターによって桓玄を打ち破り、安帝を復位させます。劉裕は、国内の反乱の鎮圧などで軍功を上げて出世した人物です。

東晋の滅亡を救い、官吏の最高職に任じられた劉裕は華北に侵攻。胡族が打ち立てた二つの国家を滅ぼし、洛陽や長安を一時奪い返したことで王に封じられます。自身の権勢が高まると、有名無実の存在となっていた安帝を劉裕は殺害し、その弟を皇帝（恭帝《きょう》）に立てます。420年、華北での功績を笠に着て、恭帝より禅譲され、「宋《そう》」を建国します。そして、東晋は滅亡しました。劉裕の建国した宋は、のちに成立する宋と区別するため、歴史上、「劉宋《りゅうそう》」とも呼ばれます。

江南の王朝の興亡

皇帝となった劉裕（武帝）は、貴族の特権を制限して下級階層の人材を抜擢するなどの改革を行います。さらに戸籍を整備したうえ、北からの移住者が優遇されていた税制を見直して、農地の開拓を推し進め、農民の暮らしを安定させました。

第3代の文帝の治世は、そのときの元号から「元嘉《げんか》の治」と呼ばれ、およそ30年にわたって善政が敷かれました。ただし、文帝は後継者問題に悩んでいた最中、皇太子に暗殺されます。それ以外にも、宋の8人の歴代皇帝のうち、文帝を含めた半数以上が暗殺されています。なぜなら、貴族の力を抑え、皇帝に権限が集中したことで、皇帝の座をめぐって身内同士で権力争いが絶えなかったからです。最後となる順帝のころには、皇帝の権威は失墜《しっつい》しており、実権は将軍であった蕭道成《しょうどうせい》に握られていました。479年、順帝は蕭道成に禅譲して、宋は滅亡します。

宋の後を受けた蕭道成は、「斉」を建国します。宋末期の混乱を収束させた蕭道成は、検地を行うなどして国力を拡大させました。しかし蕭道成が病没すると、宋末期と同様に一族による権力争いがくり広げられます。とりわけ第6代皇帝の蕭宝巻《しょうほうかん》は、逆らう者は家臣であろうと、一族であろうと処刑するような人物でした。そのため、粛清を逃れた同族の蕭衍《しょうえん》が反乱を起こし、蕭宝巻を倒します。斉の

そのころ、日本では？

南朝の宋が栄えていたころ、倭国より使者が10度訪れたことが中国の歴史書に記載されています。倭国は朝貢により、安東《あんとう》将軍や倭国王といった地位を授けられました。宋が滅亡するまで朝貢は続き、そのときどきの倭の代表（天皇と推定されている）は「倭の五王」とされています。

7人の歴代皇帝のうち3人までが廃帝であることから、権力闘争がいかに激しかったか、うかがい知れます。

502年、蕭衍はみずからが皇帝に立てた和帝から禅譲されます。蕭衍は斉を受け継ぐのではなく、「梁《りょう》」を建国します。梁は55年間存続し、そのほとんどの治世は、蕭衍（武帝）が在位していました。蕭衍はすぐれた為政者であり、国内を安定させ、文化の振興をうながします。

ところが、晩年は仏教に傾倒し、政治をかえりみなくなり、国内は混乱。その最中、華北から亡命してきた侯景《こうけい》が都の建康を占領して武帝を幽閉しました。「侯景の乱」と呼ばれるこの内乱は、3年で鎮圧されますが、武帝は幽閉中に餓死していたため、豪族らは次々と皇帝を擁立し、わずか8年の間に5人もの皇帝が入れ替わります。

この混乱に乗じて台頭したのが、梁の将軍であった陳霸先《ちんはせん》です。侯景の乱で手柄を立てた陳霸先は敬《けい》帝を立てると実権を握り、その後、禅譲されて、557年に「陳」を建国します。とはいえ、華北の脅威が迫っており、陳の統治も長くは続きません。

以上、宋から陳までの江南に建国された正統王朝を「南朝《なんちょう》」ともいいます。

北魏の画期的な税制改革

さて、華北の話にもどります。前秦の滅亡後、華北に複数の国家が乱立していた4世紀後半、鮮卑出身の拓跋珪《たくばつけい》が「魏」を建国し、398年に皇帝を名乗ります。この魏は三国時代の魏などと区別するため歴史上、「北魏《ほくぎ》」と呼ばれます。北魏は「北燕《ほくえん》」や「夏」といった国々を倒して勢力を拡大。439年、第3代の太武帝の治世において華北の統一は成し遂げられました。

この北魏を含め、北魏の華北統一から「隋《ずい》」が南北を統一するまでに興った華北の王朝を歴史上、「北朝《ほくちょう》」といい、前述の南朝と北朝とが同時に存在した時期は「南北朝時代」と呼ばれます。

華北を統一した北魏は、狩猟ではなく農業を国の根幹とし、各部族の首長を貴族とするなど、漢人の統治体制を積極的に取り入れていきます。国民の多数は漢人であり、その漢人を支配するには漢人のやり方が合っていたからです。

第4代の文成帝《ぶんせいてい》の皇后だった馮太后《ふうたいごう》（文成文明皇后《ぶんめいこうごう》）は、若くして文成帝に先立たれ

南朝と北朝の版図（5世紀）

たのち、第5代の献文《けんぶん》帝、第6代の孝文《こうぶん》帝の代には摂政として国政を主導します。馮太后は政治力に長けた人物であり、さまざまな制度を設けました。なかでも特筆すべきは、「均田制」でしょう。農民に田畑を分け与え、そこで収穫された作物の一部を税として納めさせる制度で、のちの王朝にも引き継がれ、税収を支える基盤となります。また日本にも伝わり、班田収授法のモデルとなりました。

ほかにも、農家の戸籍や徴税を管理するまとめ役を集落ごとに置く「三長《さんちょう》制」を導入するなど、安定して税収を得る仕組みを整えて北魏の国力を高めました。

馮太后から儒教の教えを受けた孝文帝が490年に親政を開始すると、それまで都だった平城《へいじょう》（現在の山西《さんせい》省大同《だいどう》市）から、中原に位置する古来よりの都である洛陽に遷都し、国内の変革を押し進めます。着るものや装飾品をはじめ、姓、言語、生活習慣まで漢人の文化が浸透していきました。これを「漢化政策」といいます。しかし、強引な漢化や遷都に反発する声は少なくありませんでした。

分裂ののちに再統合

漢化政策への反発が頂点に達した523年、北方の守備にあたっていた六つの軍事拠点である鎮《ちん》の兵士たちが反乱を起こします。この六鎮《りくちん》の乱の対応をめぐって、皇室や軍では意見が分かれ、第8代の孝明《こうめい》帝が暗殺される事態に陥ります。

乱の鎮圧後、河北や山東など主に東方を地盤とする高歓《こうかん》と、長安など西方を地盤とする宇文泰《うぶんたい》の2人が頭角を現します。高歓は孝武《こうぶ》帝を擁立したものの、仲違《なかたが》いによって孝武帝が宇文泰のもとへ亡命すると、新たに孝静《こうせい》帝を立てました。ところが宇文泰は、険悪な仲となった孝武帝を毒殺し、そのいとこを皇帝（文帝）に立てます。これにより北魏は、文帝が治める「西魏《せいぎ》」と、孝静帝が治める「東魏《とうぎ》」に分裂しました。

名目上、両者はたがいの皇帝の名のもとに争いましたが、実際は、高歓と宇文泰の勢力争いでした。高歓の死去後、その息子の高洋《こうよう》が孝静帝から禅譲されて、550年に「斉」を建国します。南朝にも同名の国があったことなどから「北斉《ほくせい》」と呼ばれます。

西魏では宇文泰のもと新たな兵制である「府兵制」が設けられます。これは、農民の中から選抜した兵（府兵）を農閑期に訓練し、交代で都や辺境の守備にあたらせるという兵農一致の制度で、7世紀後半まで各王朝で採用されることになります。

宇文泰の死後、その息子の宇文覚《うぶんかく》がその際に皇帝だった恭帝《きょう》から禅譲されて、557年に「北周《ほくしゅう》」を建国します。北周は漢化政策への反発から、姓名を鮮卑風に改め、みずからの誇りを取りもどそうとします。その一方で、中華と胡族を分け隔てしなかった古代の黄金時代に存在した周を国号とすることで、北周が王朝として正当性があることを誇示しました。

両国がにらみ合いを続けるうち、北斉では皇帝の座をめぐって骨肉の争いが激化したのち、第4代の武成《ぶせい》帝の代でようやく落ち着きをとりもどしました。その武成帝は息子に譲位後も実権を握り、お気に入りの臣下の言葉に耳を傾け、高長恭《こうちょうきょう》（蘭陵《らんりょう》王）をはじめ、有力な将軍を処刑したことで軍事力が低下します。そこを北周に攻め込まれ、5

77年に北斉は滅亡しました。華北を再統一した北周の第3代の武帝は、さらに勢力を拡大しようとしたその矢先、病で倒れます。

花開いた六朝文化

めまぐるしく王朝が交代する中でも、その時代に合った文化は育《はぐく》まれました。とくに南朝では、華北から逃れてきた貴族階級のもとで文化が花開きます。3世紀初頭から6世紀末にかけての南朝における文化体系を「六朝文化《りくちょうぶんか》」といいます。

東晋の時代から活躍した顧愷之《こがいし》は画家、王羲之《おうぎし》は優れた書家として知られ、その後の中国の水墨画《すいぼくが》、書道が芸術として発展していく礎《いしずえ》を築きます。

宋の劉裕に仕えたこともある陶潜《とうせん》（淵明《えんめい》）は、わずかな俸禄《ほうろく》よりも自由を愛し、官職を辞して故郷に隠居後、田園に囲まれた日常を表現した詩を数多く残しました。理想郷を指す桃源郷《とうげんきょう》という語句は陶淵明の著書『桃花源記』に由来しています。

梁の武帝の皇太子であった昭明太子《しょうめいたいし》が編纂した、古来の名文を収めた『文選《もんぜん》』は名著とされ、のちの官吏登用試験における必読書となります。

南北朝時代は宗教が確立された時代でもあります。後漢初期に現在のインドから伝わった仏教は、西域出身の僧侶によって中国に根づきます。たとえば、ブドチンガ（仏図澄《ぶっとちょう》）は後趙で重用されて弟子を育成し、クマラジーヴァ（鳩摩羅什《くまらじゅう》）は後秦で仏典の漢訳に努めました。仏教の一派である禅宗の開祖であり、わたしたちがよく知るダルマのモデルとされるボーディダルマ（菩提達磨《ぼだいだるま》）は、嵩山《すうざん》（現在の河南省に位置する霊山）のふもとに武術で有名な少林寺《しょうりんじ》を開いたとされています。

中国からは僧侶の法顕《ほっけん》が現在のインドを訪れ、多くの経典を持ち帰りました。

またこのころ、老荘思想に民間の信仰が加わり、道教が成立します。道教は北魏の太武《たいぶ》帝のもとで国教となり、篤く信仰され、道観《どうかん》といった施設が設置されたことで民衆の間に浸透していきました。その一方で、太武帝は仏教を弾圧しますが、孝文帝のころには保護に転じると、洛陽郊外に石窟《せっくつ》寺院の造立が始まります。200年余りの歳月をかけて完成した、この「龍門石窟《りゅうもんせっくつ》」は世界遺産に登録されています。

その後、寺院や道観が土地や財産を蓄えるなど金儲《かねもう》けに走り、腐敗したため、北周の武帝によって財貨の没収や僧侶と道士の取締りが行われます。そのうえで武帝は、儒教、仏教、道教の研究をする機関として通道観《つうどうかん》を設置。三教は皇帝の監視と保護を受けながら、中国の三大宗教として定着していくのです。

300年ぶりに再統一

西晋以来、長きにわたって分裂していた中国を再統一したのは、北周の重臣だった楊堅《ようけん》です。楊堅の一族は漢人の名家を自称していましたが、鮮卑の血を引いていたともいわれています。

すぐれた将であった楊堅は北斉を征服したのち、自身の娘を第4代の宣帝の皇妃とすることで北周の実権を握り、宣帝の死後は、その子どもの静帝から禅譲されて、581年に「隋」（初期は「随」）を建国しました。隋という国号は、楊堅が治めていた北周中部の随州《ずいしゅう》の名に由来します。

即位後の楊堅（文帝）は、政権の安定をはかるべく、北周の制度を引き継ぎつつ、数々の改革を行います。まず、法制度を明文化した「律令《りつりょう》」を定めました。律令の「律」は刑法、「令」は行政法にあたります。行政府は「三省六部《さんしょうりくぶ》」に整理し、内史省《ないし》（中書省《ちゅうしょ》）、門下省《もんか》、尚書省《しょうしょ》の三省と、尚書省の下に吏部《り》、戸部《こ》、礼部《れい》、兵部《へい》、刑部《けい》、工部《こう》の六部を置いて、皇帝のもとに優秀な官吏を集めて権力の集中を進めました。

さらに、有力貴族の血縁者による地位の独占を防ぐため、試験により官吏を選抜する、いわゆる「科挙」を導入します。そして、北魏から伝わる均田制と、西魏から伝わる府兵制を取り入れました。人民の負担は穀物を収める「租《そ》」、布などを収める「調《ちょう》」、および労役に整理します。また、従来の長安の南西に「大興城《だいこうじょう》」という新都を建設します。

一連の新制度のもとで隋の国力は充実したことから、文帝の治世は「開皇の治《かいこう》」と呼ばれています。国力を高めた隋は、589年に満を持して陳に攻め込み、これを滅ぼします。じつに、約300年ぶりに南北が統一されたのです。

文帝の晩年には、その次男の楊広《ようこう》が策謀をめぐらせ、長男で皇太子だった楊勇を追い落として後継者の地位に就きます。楊広は、陳への侵攻で軍功を上げたように武勇にす

隋の版図と開削された運河

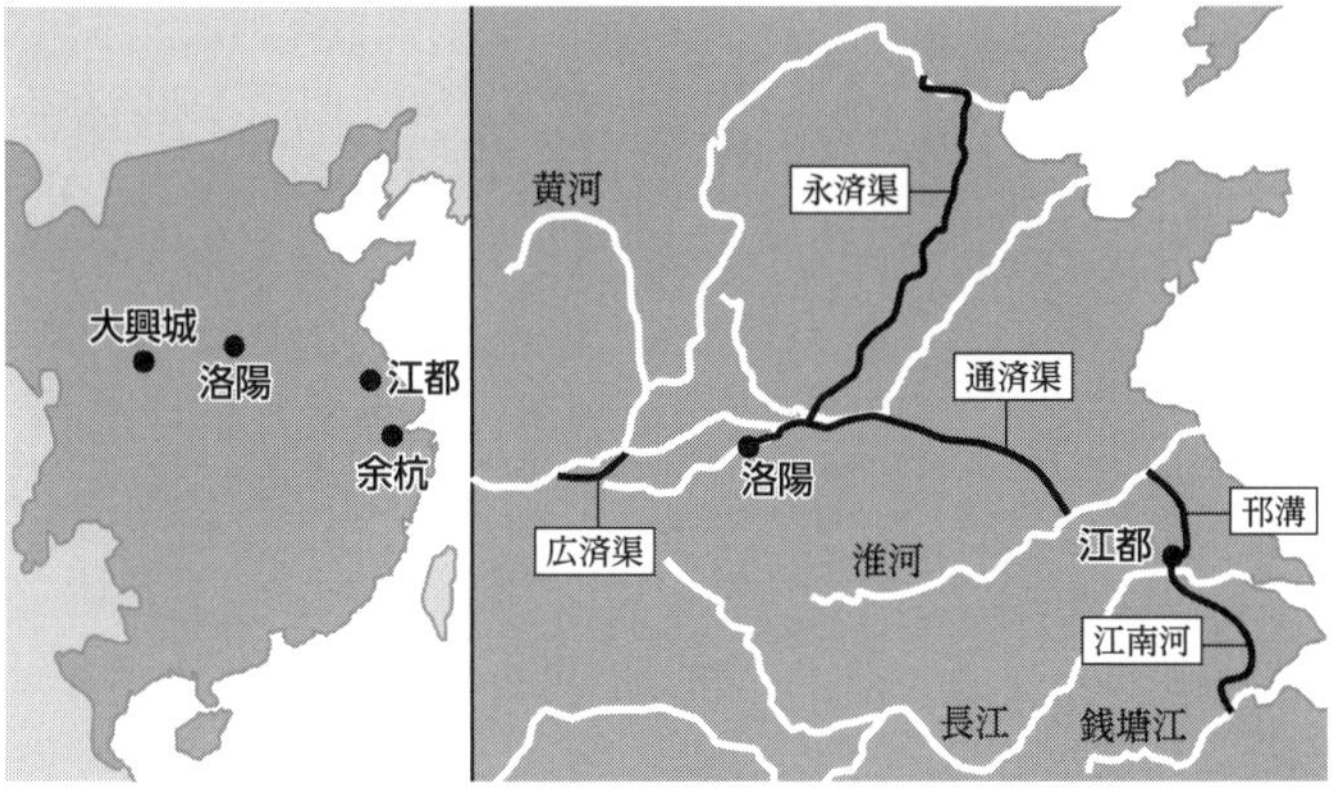

ぐれていましたが、贅沢を好み、横暴な性格だったとされており、一説には病に伏せていた文帝を暗殺したともいわれます。

皇帝に即位した楊広（煬帝《ようだい》）は、各地の運河を連結させる大事業を開始します。文帝の治世でも運河は築かれていましたが、煬帝が新たに築いた運河によって、江南の豊かな物資が長安にまで輸送可能になり、人の往来も活発化するなど、大運河は大陸をめぐる大動脈のような役割を果たすようになります。現在の北京と余杭《よこう》（現在の浙江省杭州市）を結ぶ約2000キロメートルもの運河は「京杭《けいこう》大運河」と呼ばれ、世界遺産に登録されています。

同時期、国内の統一が進んでいた日本は、先進国である隋に使節を派遣します。いわゆる遣隋使です。煬帝に宛てた書面には、双方の君主を天子と称しており、日本側が隋と対等の関係を望んでいたことがうかがえます。このことに煬帝は激怒しますが、高句麗《こうくり》と手を結ばれてはまずいと考え、使者を日本へ遣わし、国交が始まりました。こうして日本は、隋の最新の知識を手に入れていきます。

煬帝が即位したころの朝鮮半島では、北部の高句麗、南部の百済《くだら》、新羅《しらぎ》の3カ国が争っていました。高句麗の版図は華北東部にまで広がっており、百済と新羅の要請を受けたことから、612年から614年にかけて、煬帝は高句麗への遠征軍を興します。前述の運河の一部は、江南から兵糧を前線にまで運ぶために築かれたのです。

国力や兵力ともに隋は高句麗を圧倒していましたが、十分な戦果は得られませんでした。たびかさなる遠征による労役と戦費調達のための重税が国民に重くのしかかったうえ、水害が起こったことから、各地では反乱が発生します。618年、煬帝は身の安全のために長安を離れ、江都《こうと》（現在の江蘇《こうそ》省揚州《ようしゅう》市）へ移り、悠々自適な生活を送っていたところを近臣の手によって殺害されました。

煬帝は紹介した所行から、後世において暴君の典型のように伝えられます。ただし、次に成立する唐が隋からの王朝交代を正当化するため、煬帝の悪政を誇張した可能性も考えられます。「天に逆らって、民を虐《しいた》げた」という意味の「煬」という字を諡号としたのも唐です。

兄殺しから理想の君主に

隋の次の王朝を打ち立てることになるのは、隋の文帝のおいにあたり、有力軍閥に属していた将軍の李淵《りえん》です。煬帝の悪政により各地で反乱が発生していた当時、重要な都市の一つを守備する立場にあった李淵でしたが、軍事における失敗から、捕らえられるところでした。そこで、次男の李世民《りせいみん》らの勧めもあり、617年に軍を興します。兵を進めて大興城を占領し、煬帝の孫を皇帝に即位させます。

翌618年、煬帝の死が伝わると、李淵は禅譲されて帝位に就き、「唐《とう》」を建国します。唐という国号は、北周の時代から李淵（高祖）の一族が治めていた地域（現在の山西省周辺）の名が由来です。都は大興城を取り込み、より大規模化することになります。これが、唐の都の長安です。621年には、前漢の武帝が発行した五銖銭以来となる貨幣「開元通宝《かいげんつうほう》」が発行され、唐代以後の通貨のモデルとなりました。

626年、李世民は兄で皇太子だった李建成《りけんせい》と、弟の李元吉《りげんきつ》を殺害します。「玄武門《げんぶもん》の変」と呼ばれるこの事件の裏には、兄弟間の対立が関係していました。

唐の建国時、李世民は各地の対抗勢力を打ち倒し、唐の国内平定に大きく貢献しました。その李世民の声望をねたんだ李建成と李元吉が、自分の殺害をはかろうとしたため、先手を打って殺害したというのが李世民の言い分です。ただし、李世民が一方的に2人を殺害したという説もあり、真相は闇の中です。

空位となった皇太子の座には李世民が座り、変の発生から10日ほどで、父から譲位されて皇帝へ即位。中国史上において名君の誉《ほま》れ高い、太宗《たいそう》の治世がスタートします。

ちなみに、唐の時代から死後の皇帝を「高祖」「太宗」といった廟号で呼ぶことが定着しました。唐の時代から皇帝の諡号が長くなりすぎたことなどが、その理由です。

太宗の即位までの経緯こそ煬帝とよく似ていますが、そこからは違っていました。隋の三省六部や均田制（ただし、均田制が全国的に実施されたという明確な記録は残っていない）、府兵制を発展させて内政を安定させます。房玄齢《ぼうげんれい》や杜如晦《とじょかい》といった能臣をはじめ、李建成の元側近である魏徴《ぎちょう》を側に置き、政治を行いました。とくに魏徴は太宗をいさめ、忠告する諫臣《かんしん》として有名です。

太宗の治世は、「道に置き忘れたものは盗まれない」「家の戸は閉ざされることがない」「旅の商人は野宿をする」といった逸話が残っているほど、社会が天下泰平だったとされ、当時の元号から「貞観《じょうがん》の治」と呼ばれています。のちに太宗の言行は『貞観政要』という本にまとめられ、中国王朝のみならず日本や朝鮮の為政者が愛読します。実際の太宗はどうあれ、プロパガンダに長けていた人物だったといえます。

唐の行政組織

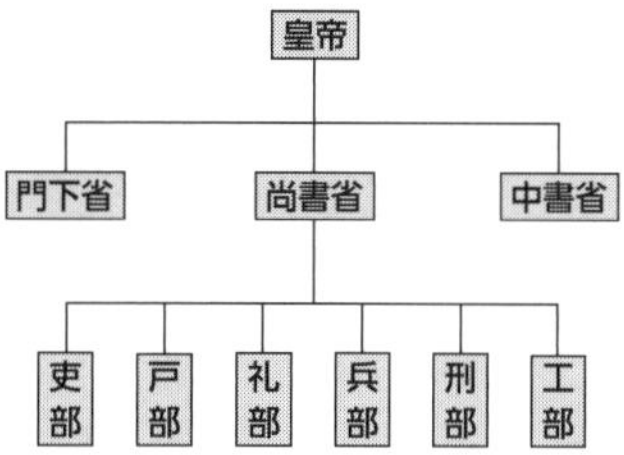

中国史上唯一の女帝

太宗が６４９年に没すると、その息子で皇太子だった李《り》治《ち》（高《こう》宗）が即位し、大過なく、政治を行います。ところが、即位後10年ほどして高宗が床に伏せるようになると、皇后の武照《ぶしょう》（則天武后《そくてんぶこう》。中国では武《ぶ》則天《そくてん》）が権力を握ります。武照は材木商の娘で平民の出でしたが、美しく教養もあったことから、太宗の後宮に入ります。太宗の死後、尼となっていたところを高宗に見初《みそ》められ、妃として迎えられていました。

高宗が没すると、高宗と自分の息子を順に皇帝（中宗《ちゅう》と睿宗《えい》）へ即位させたのち、実権を奪うと、690年、みずから皇帝に即位して国号を「周（武周）」と改め、都を洛陽に移しました。このできごとは「武周革命」と呼ばれます。則天武后が帝位に就く以前も以後も、中国王朝で女帝はいないため、中国史上、則天武后が唯一の女帝とされています。

則天武后は、臣下の反抗を許さず密告を奨励して恐怖政治を行いました。一方で、唐の時代でも採用されていた科挙の合格者の中から血筋や家柄によらず実力のある人材を

そのころ、日本では？

672年、大和《やまと》政権では次期天皇の地位をめぐって、天智天皇の息子の大友皇子と、天智天皇の実弟である大海人皇子が争います。いわゆる壬申《じんしん》の乱です。戦いの結果、大海人皇子が勝利し、天皇に即位すると、律令を整備するなど統治体制を改め、国号を「日本」と定めました。

唐の皇帝一覧

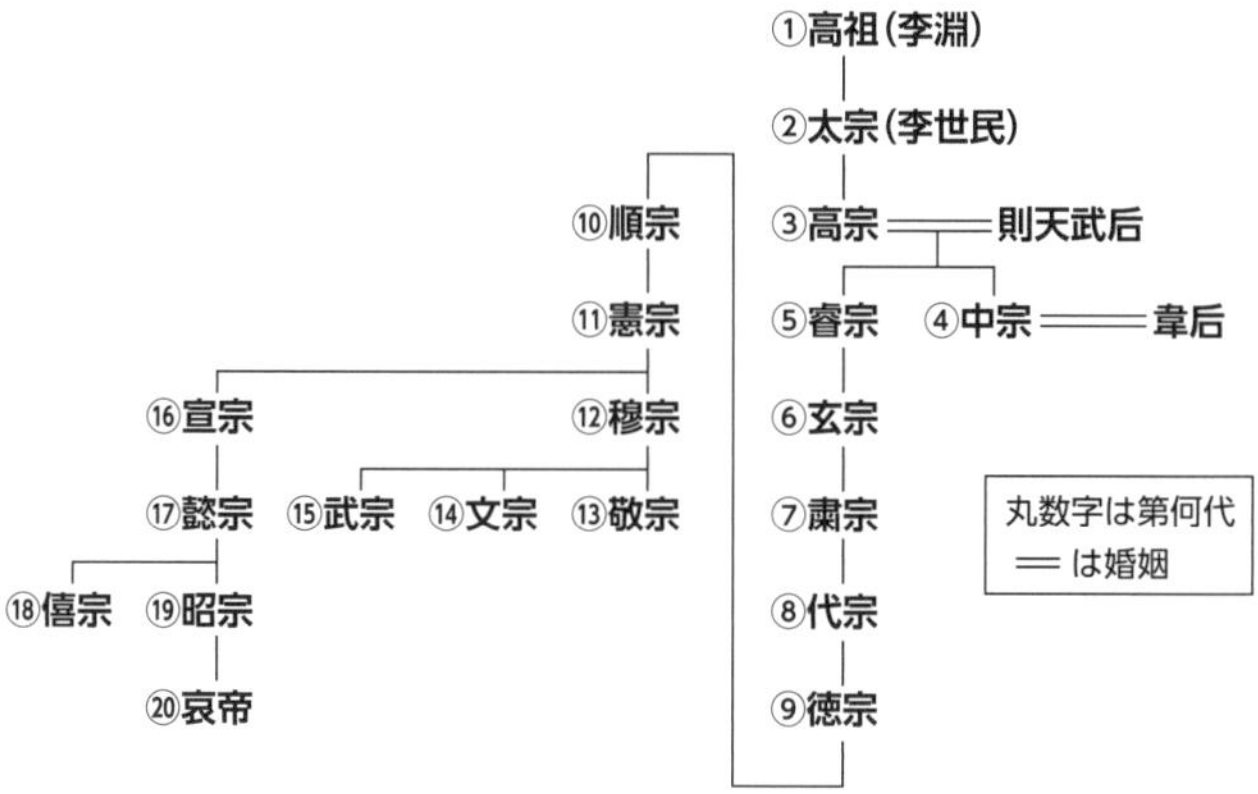

活用し、投書箱を置いて政策について民から意見を集めるなど、新しい試みを導入しています。

とはいえ、前例のない女帝による権力の独占や、性急な改革への不満は根強く、則天武后が病に伏せがちになると、宮中でクーデターが起こります。これにより、則天武后は退位して、中宗が復位し、国号は唐に、都は長安にもどされました。

705年、則天武后が死去すると、高宗の陵墓である乾陵《けんりょう》に葬《ほうむ》られました。唐の歴代皇帝の陵墓のうち、夫婦で合葬《がっそう》されているのは乾陵だけです。

則天武后のあとも、皇后による専横が続きます。今度は、中宗の皇后の韋后《いこう》が夫である中宗を毒殺。実権を握ろうとしましたが、睿宗の子である李隆基《りりゅうき》に殺害されました。則天武后と韋后という2人の女性による政変は、まとめて「武韋《ぶい》の禍《か》」と呼ばれます。

周辺国を間接統治

唐は、漢人と胡族の融和をはかり、近隣アジア諸国に大きな影響力を示す、世界的な帝国となります。このころ北方のモンゴル高原では、トルコ系遊牧国家の「突厥《とっくつ》」が一大勢力を築いていましたが、太宗は、突厥をはじめ、西域の国々を制圧。勢力を広げた際、各遊牧民の長から「天可汗《てんかかん》」の称号を贈られます。このことは、遊牧民の君主の称号である「可汗（カガン）」の、さらに上に立つ存在として認められたことを意味しました。

唐は周辺の国々に対して、自国に朝貢する国の君主を王に封じる冊封体制とともに、「羈縻《きび》政策」という外交方針を取ります。羈縻とは馬や牛をつなぎ止める道具で、胡族のリーダーを唐の臣下としつつ、自治を認める間接統治です。

7世紀後半、高宗の治世において、唐は朝鮮半島の新羅と手を組み、高句麗と百済を攻め滅ぼします。百済の旧王族は祖国の復興をはかり、日本に救援を求め、日本はこれに応えて朝鮮半島に兵を送り込みましたが、663年、白村江《はくそんこう》の戦いで百済・日本の連合軍は、唐・新羅の連合軍に大敗します。その後、朝鮮半島は新羅によって統一されると、高句麗の残党は大陸東北に暮らす靺鞨《まっかつ》人を従え、渤海《ぼっかい》を建国します。

白村江での敗戦で圧倒的な国力差を痛感した日本は、唐の最新の技術や文化を吸収するため、敵対関係を解消し、優秀な人材を派遣するようになります。いわゆる遣唐使です。遣唐使の参加者が唐から技術や文化を持ち帰るだけでなく、唐からやってきた僧侶の鑑真《がんじん》といった人々によって、仏教文化や建築術、窯業《ようぎょう》などが日本で広まりました。

美女が原因で内乱に

712年に皇帝に即位した李隆基（玄《げん》宗）の前半の治世は「開元《かいげん》の治」と呼ばれ、農業、商業、芸術、文化が大いに発展し、唐は最盛期を迎えます。均田制と府兵制は十分な機能を果たさなくなっていたため、代わって、兵士を募集して雇う「募兵制」を普及させます。各地には他国との境界の警備を担当する軍司令官の「節度使《せつどし》」を配置して、広大な国土の治安維持を任せました。

ところが、50歳を過ぎた玄宗が、息子の妃だった楊貴妃《ようきひ》を見初め、自身の妃として迎えると、政務をかえりみないようになります。玄宗は楊貴妃の機嫌をとろうと、楊貴妃の親族である楊一族を要職に就けたことで、楊一族が政治を左右するようになりました。なかでも、楊貴妃の遠縁にあたる楊国忠《ようこくちゅう》は楊一族の出世頭であり、のちに宰相職にのぼりつめます。

そんな楊国忠にはライバルが存在しました。楊貴妃に取り入って出世した安禄山《あんろくざん》です。安禄山はイラン系のソグド人と突厥人の血を引く将で、6種類もの外国語を話し、3地域の節度使を兼任して約20万もの兵を従えていた人物です。そのうち、楊国忠と安禄山の権力争いがピークを迎えると、安禄山は盟友の史思明《ししめい》らとともに、755年に反乱を起こします。この乱は2人の名前から「安史《あんし》の乱」と呼ばれます。

安禄山が率いる反乱軍は長安を占領します。長安を脱出した玄宗らが逃避する道中、その護衛兵らが、乱が起こったのは楊一族に責任があるとして楊国忠を殺害し、楊貴妃を死に追いやりました。

政務を執る気を完全に失った玄宗に代わって、息子の李亨《りきょう》が反乱軍の討伐に赴《おもむ》きます。その途中、宦官の勧めを受け入れて、みずから皇帝（粛宗《しゅくそう》）に即位しました。

戦乱は、安禄山と史思明の子どもが反乱軍を率いるまで長引きますが、遊牧国家のウイグルの助けを借りるなどして長安や洛陽を回復。762年に反乱をほぼ鎮圧しました。そんな中、かねてより唐と対立関係にあった吐蕃《とばん》が反乱に乗じて長安を一時占領します。のちに和平を結ぶも、9世紀前半まで対立関係は続きました。

この戦乱による唐の弱体化を契機として、西域ではウイグル人が勢力を広げ、各地の節度使は唐から半ば独立した勢力となり、藩鎮《はんちん》と呼ばれます。このため財政は苦しく、従来の租・庸・調に代わって「両税法」が導入されます。両税法とは、国民それぞれの資産に応じて年に2回、銅銭で税を納めさせる制度です。また、塩の専売や茶への課税を国家財源としました。西域や華北の節度使が独立傾向を強めても、この新たな税法に加え、農業生産力の高い江南を維持できており、隋の時代につくられた運河によって物資が流通していたため、唐は10世紀初頭まで存続します。

国際色豊かな文化

西域をはじめ、周辺地域との交流が進むにつれ、長安には中央アジアや現在のインド、チベット、朝鮮半島、日本、東南アジアなどから人々が集まりました。8世紀には長安の人口は100万人にもおよび、当時では世界最大級の都市となります。日本は、この長安を参考に、同じく格子状《こうしじょう》の街路を配した平城京、平安京を建設しました。

751年には、唐とイスラム帝国のアッバース朝が中央アジアで衝突したタラス河畔《かはん》の戦いが起こります。このとき捕虜となった唐の兵士から、イスラム圏を経てヨーロッパに製紙法が伝わります。東西をつなぐ航路であるシルクロードを通じて、唐は絹や陶磁器などを西方へ輸出する一方、ソグド人など西域の商人を通じて、ゾロアスター教、ネストリウス派キリスト教といった西方の文化が流入します。

西方との交流を通じて、唐の時代は仏教文化が発展しました。とくに則天武后は、各地に大雲経寺《だいうんきょうじ》という寺院を築かせています。日本から多くの僧侶が留学しており、その中には、帰国後に天台宗を広める最澄、真言宗を広める空海の姿もありました。

ところが、道教を優遇した武宗は、845年に仏教やゾロアスター教、マニ教などの外来の宗教を弾圧します（会昌《かいしょう》の廃仏）。このことは西域諸国との関係悪化を招き、唐の衰退の一因にもなりました。唐に隣接する吐蕃では、9世紀以降、大乗仏教の流れをくむチベット仏教が発達します。

美術の分野でも西方の国々の影響は少なくありません。唐ではインドやイランの写実的な彫刻や陰影を強調した絵画の技法が広まり、画家の李思訓《りしくん》や呉道玄《ごどうげん》は「山水画」と呼ばれる中国の伝統的な風景画を確立しました。また書家である欧陽詢《おうようじゅん》と顔真卿《がんしんけい》の書は、書道の楷書体《かいしょたい》の手本とされています。

漢詩人としては、玄宗と楊貴妃の悲恋を描いた『長恨歌《ちょうごんか》』を残した白居易《はくきょい》（白楽天《はくらくてん》）、その白居易と並び称される韓愈《かんゆ》、「詩聖」の杜甫《とほ》、「詩仙」の李白、画家としても知られる王維《おうい》など、名だたる人物が唐の時代に活躍しました。

ひみつコラム

祝祭日における伝統行事

日本の伝統行事のもとにもなっている

祝祭日や記念日のことを中国では漢字の「節《せつ》」で表します。そして、伝統行事に関する祝祭日は旧暦にもとづいて行われ、とくに三大節句が大切にされています。

まず、旧暦の正月にあたる「春節《しゅんせつ》」は休みが1週間程度と長く、多くの人々が帰省したり、旅行に出かけたりします。このとき、爆竹を鳴らす（もしくは花火を打ち上げる）のは、邪悪なものを追い払うという意味が込められています。

「端午《たんご》節《せつ》」は、戦国時代の詩人である屈原《くつげん》が川に身を投げ、それを人々が舟で探した故事にちなみ、龍舟《りゅうしゅう》（ドラゴンボート）によるレースが各地の河川で開かれます。無病息災を願う日でもあり、地方ではショウブやヨモギを玄関の軒《のき》につるしたりします。

3つ目の「中秋節《ちゅうしゅうせつ》」は、月を鑑賞しつつ、円満と幸せの象徴としてお菓子の月餅《げっぺい》がよく食べられます。この習慣が平安時代の日本に伝わり、月見として定着しました。

中国の祝祭日

祝祭日	時期	祝祭日	時期
元旦	1月1日	端午節＊	5月下旬～6月下旬
春節＊（旧正月）	1月下旬～2月中旬	中元節	8月下旬～9月上旬
国際婦女節	3月8日	建軍節	8月1日
清明節＊	4月5日前後	中秋節＊	9月上旬～10月上旬
国際労働節	5月1日	国慶節	10月1日
国際児童節	6月1日		

爆竹

月餅

※「＊」がついた祝祭日は旧暦にもとづくため、毎年日程が変わる。

上記以外に「清明節《せいめいせつ》」も重要なイベントで、家族で墓参りをします。日本で墓参りといえばお盆ですが、もとは「中元節《ちゅうげんせつ》」に死者の霊魂《れいこん》がこの世へやってくるという道教の考えと、仏教の考えとが合わさったものが日本に伝わり、現在のお盆が形づくられました。

ちなみに、中元節は贈り物をする習慣があり、これが日本のお中元のもとになりました。

そして、中華人民共和国の樹立が宣言された10月1日は建国記念日（国慶《こっけい》節）として祝日になっています。

このほかにも、メーデーである「国際労働節」、子どものみが対象の「国際児童節」、女性のみが半休の「国際婦女節」、軍人のみが半休の「建軍《けんぐん》節」などがあります。

知れば知るほどおもしろい中国の偉人❸

人気冒険譚《ぼうけんたん》のモデルとなった高僧

玄奘

げんじょう

（602 ～ 664）

東アジアの仏教に影響を与える

『西遊記』に登場する三蔵法師こと玄奘は、唐の時代に実在した僧侶です。26歳のとき、出国が制限されていたにもかかわらず、仏教を学びたい一心で、その発祥の地である天竺《てんじく》（現在のインド）へ旅立ちました。

けわしい天山《てんざん》山脈を踏破し、現在のアフガニスタンを経由して天竺に入ると、15年程度かけて仏教を学び、たくさんの仏典を携えて帰国します。

帰国後は、約20年にわたって仏典を漢語に翻訳しました。この漢訳仏典は新訳《しんやく》といわれ、以後の東アジアの仏教に多大な影響を与えます。また、仏典（経蔵《きょうぞう》・律《りつ》蔵《ぞう》・論蔵《ろんぞう》）に通じた僧侶に与えられる「三蔵法師」の称号を得たことから、今ではそう呼ばれているのです。

天竺に至るまでの110カ国もの地域の地理、風俗、言語などを玄奘がまとめた『大唐西域記』をもとに、後世において呉承恩《ごしょうおん》が『西遊記』を書くのです。

chapter 4

五代十国から宋

五つの王朝と十の小国

9世紀に入ると、唐の朝廷では有力貴族と官吏による政争が激化し、それぞれが宦官と結びついて政治は混乱しました。加えて、飢饉の発生などによって生活苦の農民が増え、国への不満が高まります。

875年、困窮した農民や流民を次々と味方に引き入れた、塩の密売商人（塩賊《えんぞく》）の王仙芝《おうせんし》と黄巣《こうそう》らが大規模な反乱を起こします。この黄巣の乱は山東から江南の大部分を占領したのち、都の長安を制圧。皇族らが四川《しせん》（現在の四川省）へと逃れるほどの勢力でした。

しかし、統治能力などに欠けていたうえ、2人の将の活躍によって、884年に反乱は鎮圧され、黄巣らは長安を追われる途中で自害しました。活躍した将の1人はトルコ系の沙陀《さた》族出身で片目の視力が悪かったことから「独眼竜《どくがんりゅう》」の異名を持つ李克用《りこくよう》、もう1人は黄巣の元配下で唐に寝返った朱温《しゅおん》です。朱温は功績を認められて朱全忠《しゅぜんちゅう》という名を賜《たまわ》ります。

10年にもおよぶ争乱で江南の穀倉地帯が切り離されたため、唐の財政は悪化。皇帝の権威は地に落ち、節度使が自立し、群雄割拠の様相を呈します。しかも朝廷では朱全《しゅぜん》忠《ちゅう》が軍事力を背景として、自身に敵対的な官吏を処刑するなどして権力を握ると、ついには、哀帝に禅譲を迫ります。

907年、朱全忠は皇帝に即位して「後梁《こうりょう》」を建国。唐は滅亡しました。後梁は荒廃した長安に代わって、黄河と長江を結ぶ大運河の要衝《ようしょう》に位置する汴州《べんしゅう》を都とし、開封府《かいほうふ》と称します（現在の河南省開封市）。

建国したとはいえ、後梁政権はとても不安定でした。各地の節度使をはじめ、対抗勢力が多く存在したからです。案の定、923年には李克用の息子の李存勗《りそんきょく》によって、後梁は滅ぼされ、新たに「後唐《こうとう》」が建国されます。

その後唐もわずか13年で滅亡し、中原では

五代十国の勢力図

※(　)はすでに滅亡した国

50年ほどの間に、「後梁」「後唐」「後晋《こうしん》」「後漢《こうかん》」「後周《こうしゅう》」という短命の王朝が続きます。なお、後唐の李存勗だけでなく、後晋を建国した石敬瑭《せきけいとう》、後漢を建国した劉知遠《りゅうちえん》らも沙陀族出身の将です。江南や内陸部の各地でも節度使がそれぞれに独立し、「呉」「南唐《なんとう》」「前蜀《ぜんしょく》」「後蜀《こうしょく》」「呉越《ごえつ》」「閩《びん》」「荊南《けいなん》（南平《なんぺい》）」「楚」「南漢《なんかん》」「北漢《ほくかん》」といった小国が建国されます。

中原に建国された後梁から後周までの5つの王朝と、ほかに10の小国が生まれたことから、この時代は「五代十国《ごだいじっこく》」と呼ばれます。

北方で新興勢力が台頭

北方のモンゴル高原には遊牧民の契丹《きったん》（キタイ）族が力をつけつつありました。契丹族は八つの部族に分かれていましたが、そのうちの一派を率いていた耶律阿保機《やりつあぼき》が、９１６年に契丹族を統一してハンとなり、「キタイ帝国」を建国し、皇帝を自称します。

五代十国の戦乱が続く中、キタイ帝国は、渤海を９２６年に征服。東北に版図を広げ、現地の住民から漢人の文化を吸収していきます。９３６年には新たに建国された後晋の後ろ盾となる見返りとして、現在の北京を含む一帯の地域「燕雲《えんうん》十六州」を譲り受けました。この燕雲十六州の帰属をめぐって、南北の王朝がのちのちまで争うことになります。

その後、キタイ帝国は後晋が約束を守らなかったとして攻め滅ぼし、947年には、中国風の「遼《りょう》」という国号を定めて、華北の大部分を占領します。

遼の勢力圏は中央アジアにまでおよび、キタイの名はのちにヨーロッパ人の間で中国を意味する語句となりました。ちなみに、ロシア語で中国を「キタイ」といい、香港を拠点とする航空会社「キャセイパシフィック航空」の「キャセイ」もキタイに由来します。

同じころ、東アジアと東南アジアの勢力図もぬり変わっていました。朝鮮半島では新羅が衰退して内乱状態に陥り、

そのころ、日本では？

平安時代中期の日本では、地方で反乱が相次ぎます。935年には関東で平将門《たいらのまさかど》が、939年には瀬戸内海を中心に藤原純友が反乱を起こします。両方の反乱を合わせて、「承《じょう》平《へい》・天慶《てんぎょう》の乱」といいます。ただし、いずれの乱も、まもなく、同じ武士によって鎮められています。

936年に高麗に統一されました。また、現在の雲南省からタイ、ミャンマーにまたがる地域には大理国《だいり》が、ベトナムでは呉朝が成立するなど、東アジアの盟主だった唐の影響力が失われた結果、新たな国家が生まれたのです。

禅譲で成立した最後の王朝

五代の最後となる後周の第2代皇帝の柴栄《さいえい》（世宗《せい》）は、五代きっての名君とされています。財政を充実させつつ、皇帝直属の軍隊である禁軍を強化し、中国統一を目指して次々と周辺国を攻めて支配域を拡大します。しかし、志半ばで病死。息子の柴宗訓《さいそうくん》が7歳で皇帝（恭帝）に即位しました。当時の後周は強国だったとはいえ、周辺には依然としていくつもの国が存在したことから、幼い皇帝の即位に国内は動揺します。

こうした情勢の中、人望篤く禁軍の総司令官だった趙匡胤《ちょうきょういん》に対して、将兵らが皇帝への即位を突如迫ります。寝耳に水だった趙匡胤は乗り気ではありませんでしたが、即位

を決意。禅譲によって皇帝（太祖）に即位します。中国史上、禅譲による王朝交代はこれが最後の事例です。引き続き、都は開封とし、国号を「宋」と改めました。この「陳《ちん》橋《きょう》の変」と呼ばれる一連のできごとは、じつは計画的だったともいわれています。

　趙匡胤は寛大な性格の人物だったとされています。当時は前王朝の皇帝一族を粛清するのが通例でしたが、趙匡胤は柴宗訓を王に封じたうえ、柴一族を保護し続けるよう遺言しています。しかも自身が滅ぼした南方の国々の君主も厚遇したほどです。

北宋の皇帝一覧

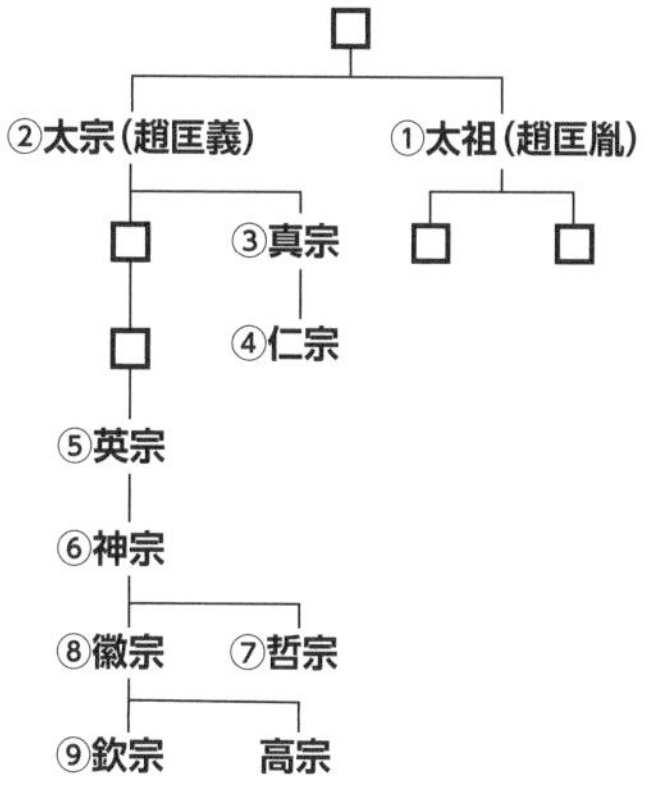

　統一を進める趙匡胤でしたが、その目前で死去しました。死因は、酒の飲み過ぎによる急性アルコール中毒や、実弟の趙匡義《ちょうきょうぎ》による殺害など諸説あります。

　次に皇帝となった趙匡義（太宗）の治世において、残った浙江の呉越、山西の北漢を滅ぼして、宋は事実上の国内統一を果たしました。柴栄が始めた統一事業を趙匡胤が引き継ぎ、趙匡義が完成させたことから、日本史上の織田信長、豊臣秀吉、徳川家康の関係によくなぞらえられます。

“学力”で人材を登用

みずからが軍人だった趙匡胤は、地方の軍人が節度使として大きな力を持ったことで五代十国という戦乱の時代を招いたと考え、皇帝への権力集中を進め、節度使の代わりに皇帝直属の地方長官を派遣して、地方の兵力を禁軍に取り込みます。さらに中央には、軍を統括する枢密院《すうみついん》、法令を審議する中書省《ちゅうしょしょう》を置き、審議された法令は皇帝がすべて決裁しました。

また、唐の時代まで政治に影響力を有していた門閥貴族は没落していたことから、宋の時代では、官吏登用試験の科挙で選抜された「士大夫」と呼ばれるエリートが皇帝直属の官吏として政治に大きな発言力を持ちます。

唐の時代と変わらず、科挙の参加資格は男性のみに限られていたものの、血筋や家柄ではなく、個人の学力で人材を選別しました。地方での州試《しゅうし》（解試《かいし》）、都での省試《しょうし》、そして宋の時代に新たに設置された殿試《でんし》の3段階があり、とくに皇帝みずからが受験者を選別する殿試が重視されました。

試験科目は、四書五経など儒教の古典の理解力、散文や漢詩などの文才、時事的な問題を考える政策立案の能力の3分野となりました。宋の時代の中期には、複数あった科挙のコースがこれら3分野を統合した進士科《しんし》に一本化されます。これによって、科挙の及第者を「進士」と呼ぶようになります。いずれにせよ、現代に勝るとも劣らぬ受験戦争がくり広げられたのです。

とはいえ、受験勉強に専念するには経済力が欠かせないため、士大夫の多くは地方の大地主の一族が占めます。こうして地方の大地主は支配階層となり、「形勢戸《けいせいこ》（成り上がり一家）」や「官戸《かんこ》（官僚一族）」と呼ばれるようになりました。

士大夫が台頭するようになった背景には、軍人の力を押さえ、文官が政治をリードする政治体制、いわゆる「文治政治（主義）」を宋が推し進めたことにあります。太祖も「言論を理由に士大夫を殺してはならない」と遺言するなど、士大夫らが活発に政策を論議できる環境が整えられていました。その反面、増えすぎた士大夫が派閥を形成して対立したり、軍備を軽視したりしたことから、さまざまな問題が政権の存続をおびやかすことになっていくのです。

贈り物によって面目を保つ

宋の歴代の皇帝は、遼の支配下にある燕雲十六州の奪回を望んでいましたが、軍事力に乏しく、遼をはじめとする遊牧国家におびやかされ続けました。1004年、遼の大規模な侵攻を受けます。当時、皇帝だった真宗はみずから兵を率いて迎撃の姿勢を見せつつ、交渉によって和平を結びます。この和議は「澶淵《せんえん》の盟《めい》」と呼ばれ、両国は形式上、宋の皇帝を兄、遼の皇帝を弟とし、現状の境界を維持したうえで、宋が毎年、歳幣《さいへい》として銀10万両、絹20万匹を遼に贈るという内容です。

11世紀には西北に「西夏《せいか》」という新興勢力が台頭します。西夏はチベット系の遊牧民であるタングート族の国家で、しばしば宋に侵攻してきました。1044年、宋は西夏との間に「慶暦《けいれき》の和約《わやく》」を結びます。これも澶淵の盟と似た内容で、形式上は西夏の皇帝を宋の皇帝の臣下とし、両国の境界を固定したうえで、宋が毎年、西夏に銀5万両、絹13万匹、茶2万斤《きん》（重さの単位）の歳幣を贈るという内容でした。

宋は外交上、遼と西夏よりも立場が上とすることで面子《メンツ》を保ち、遼と西夏は宋を持ち上げるだけで莫大な利益を得たのです。さしずめ、現代での先進国による新興国へのODA（政府開発援助）ともいえるでしょう。遼と西夏は、宋との貿易による利益や歳幣を元手に経済が発展。漢字をもとにしてそれぞれ、契丹文字と西夏文字を考案します。

歳幣によって面子と平和を保った宋でしたが、多額の歳幣は国家財政の大きな負担となっていきます。

北宋とその周辺国

新法党と旧法党の対立

時が経つにつれ、遼と西夏への歳幣だけでなく、境界を守備する軍の維持費などもかさむようになり、宋の財政は悪化していきます。1067年に即位した神《しん》宗はこの状況を打開すべく、官吏の王安石《おうあんせき》を抜擢します。王安石は優秀な成績で科挙に合格したのち、地方の役職を歴任しつつ、皇帝に政治改革の必要性をうったえていた人物です。

王安石の一連の改革は「新法《しんぽう》」と呼ばれます。その代表が青苗法《せいびょうほう》です。農民が穀物の種づけをする時期に国が低金利で資金を貸しつけて、収穫の時期に返納させるという制度です。貧しい農民は、悪質な高利貸しを利用せざるを得なかったために考えられました。

また、労役につく代わりに銭を納めさせ、その銭で労役につく人夫を雇う募役法《ぼえきほう》を導入します。既存の法では国が物資の輸送や治安維持のため農民を動員していましたが、その間は農作業などの本業がおろそかになっていたからです。商業を活性化させるため、中小規模の商人に国が資金を貸しつける市易法《しえきほう》も取り入れられます。

軍事面でも、人件費のかかる傭兵制度を改めて、農村の10家を1保という単位の集団に組織し、武装した農民がみずから郷土を防衛する保甲法《ほこうほう》を導入します。

王安石の改革は、庶民の地位を向上させることで富国強兵をはかるものでした。しかし、従来の制度のもとで既得権益を握っていた士大夫や軍人、農村の地主、大商人などの反発を招きます。加えて、新法の導入によって財政は改善しましたが、王安石の部下らの職権濫用《しょっけんらんよう》や、後ろ盾であった神宗の死去にともない、保守派によって新法は一旦、廃止されます。

以後の政界では王安石の政策を支持する「新法党」と、これに反対する蘇軾《そしょく》や司馬光《しばこう》ら「旧法党」との間で争いが起こり、王安石の死後も長年にわたり、新法党と旧法党に属する士大夫同士の対立が続き、政局の不安定さが増していくのでした。

皇帝や官吏が連れ去られる⁉

遼の支配地の大陸東北に暮らしていた女真《じょしん》（ジュルチン）人に、完顔阿骨打《ワンヤンアグダ》という強力なリーダーが現われ、1114年に遼を破り、翌年、「金《きん》」を建国します。長年、遼の脅威におびやかされ、かねてより燕雲十六州の奪還を願っていた宋は、金に「銀や絹を贈るから、いっしょに遼を倒そう」と持ちかけ、同盟を結びます。

宋は金とともに、遼を挟み撃ちにするチャンスでしたが、国内事情がそれを許しません。時の皇帝だった徽《き》宗は、多くの書画を残すなど風流天子と呼ばれた一方、政治にほとんど無関心でした。それればかりか、権勢をほしいままにしていた宰相の蔡京《さいけい》と宦官の童貫《どうかん》が、皇帝の遊興費のために国民に労役や重税を課したことで、各地で反乱が起こっていたのです。淮南《わいなん》（淮河以南から長江以北の一帯）では無法者の集団を率いた宋江《そうこう》が反乱を起こします。この反乱はのちに、108人のアウトローが活躍する小説『水滸《すいこ》伝《でん》』のモデルとされます。

宋が内乱の対応に追われるかたわら、1125年、金が遼を滅ぼします。遼の皇族の耶律大石《やりつたいせき》は西へ逃げのび、西遼《せいりよう》（黒契丹《カラキタイ》）を建国。中央アジアのイスラム圏との交易によって13世紀まで存続します。

遼を滅ぼしても、歳幣の約束を果たさないどころか、敵対的な態度を示したため、怒った金の軍勢が宋へ攻め込んできます。慌てた徽宗は失政を認めて退位。その息子が欽《きん》宗として即位します。しかし、時すでに遅く、1127年に金は開封を占領。徽宗と欽宗をはじめ、皇族や高級官吏など数千人を自国に連行したことから、宋は滅亡します。

当時の宋の元号から、一連のできごとを「靖康《せいこう》の変」といい、歴史上、それまで存在した宋は「北宋《ほくそう》」と呼ばれます。

悲運の愛国者と死後も憎まれた男

金の捕縛をからくも逃れた宋の皇族が1人いました。徽宗の九男で、欽宗の弟にあたる趙構《ちょうこう》です。1127年、趙構は皇帝（高宗）に即位して、江南の地に宋を再興。臨安《りんあん》（現在の浙江省杭州市）に都を置きました。これ以降の宋を歴史上、「南宋《なんそう》」と呼びます。

金と南宋の勢力圏が接する地域では、金の支配を嫌う人々が必死に抵抗していました。その代表格が、農民出身ながら義勇軍として軍功を挙げ、精強な軍隊を率いた岳飛《がくひ》でしょう。戦いぶりは勇猛果敢、江南の各地を転戦し、開封を奪い返すほどの勢いでした。

ところが、南宋の重臣たちは金への抗戦を続けるか、和平を結ぶかで揺れていました。軍事費が建国間もない南宋の財政を圧迫していたうえ、岳飛ら抗金の将がこれ以上の軍事力を持つことを危険視していたのです。宰相だった秦檜《しんかい》は金との和

南宋の皇帝一覧

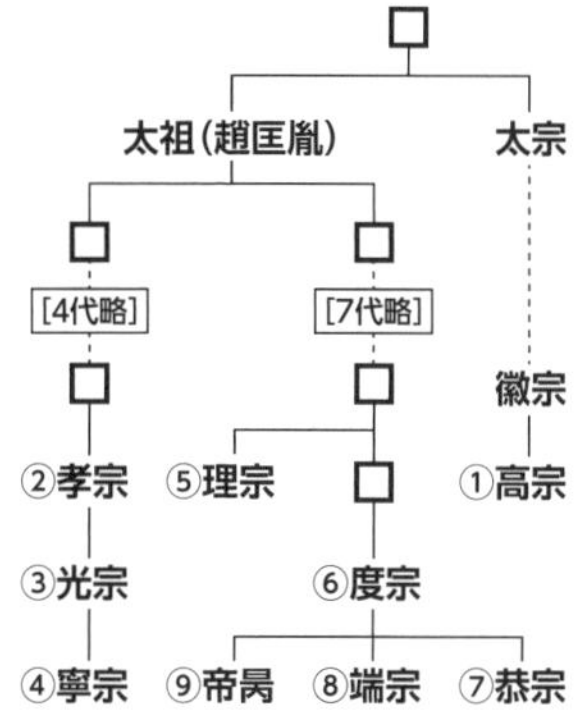

平を強く主張し、高宗も同意します。秦檜は北宋の高級官吏であったことから金に連行され、のちに解放されて南宋でも重用されていた人物です。裏では、金の上層部と深いつながりがあったとされています。

和議を結ぶ直前には、秦檜の命令によって、抗戦派の急先鋒《きゅうせんぽう》だった岳飛とその息子が捕らえられて、そのまま獄死させられます。

かくして、1142年に南宋は金と和議を結んで淮河を境界に定めます。このとき、徽宗と欽宗は南宋への帰還を希望しましたが実現せず、異境で没しています。2人が帰国すると、2人が存命にもかかわらず、皇帝の座に就いた自身の立場が危うくなるため、高宗が帰国を認めなかったともいわれます。

秦檜は和議を結ぶにあたって、かつての遼と同じく、毎年、金に贈り物をする方針を取ります。遼との間では形式上は宋の立場が上でしたが、今回の和議では南宋が〝金の

臣下〃と定められました。南宋にとっては屈辱的な内容でしたが、軍事力では劣っていたため、やむを得なかったともいえます。

宋の時代は、遼、西夏、金といった北方の王朝の圧迫が続き、ことに南宋は金の臣下となる屈辱を味わったことで、東夷・西戎・南蛮・北狄に対し、漢人の文化圏である中華が優位に立たねばならないという意識が高まりました。これが、現在まで続く中国人の強いナショナリズム（中華思想）の源流となります。

後年、この中華思想が浸透した結果、漢人の間では岳飛が愛国者の象徴として祭り上げられ、反対に秦檜は売国奴として非難の対象となります。杭州市内に位置する西湖《せいこ》のほとりに建てられた岳飛を祀る岳王廟《がくおうびょう》を参拝した人は、鎖《くさり》で縛られた秦檜の像と、岳飛を処分するよう夫をそ

南宋とその周辺国

そのかしたとされる秦檜の妻の像に、唾《つば》や痰《たん》を吐くという慣習がごく最近まで行われていました。

社会が大きく変化した時代

唐末期から宋の時代にかけて、さまざまな分野で大きな変化が起こったことから、日本の東洋史の学界においては、この時期を「唐宋変革《とうそう》」と呼称し、中世から近世への過渡期と位置づけることもあります。この唐宋変革論を唱えたのは、明治期から昭和初期にかけて活躍した、東洋史学の草分けである日本人の内藤湖南《ないとうこなん》氏です。

政治的な変化でいえば、軍事力を持つ節度使が割拠した結果、それまで政治に強い影響力を持っていた貴族は没落します。そして宋の時代になると、科挙で選抜された官吏を中心とした官僚政治が確立されるのです。

「蘇湖《そこ》熟すれば天下足る（国内の食料がまかなえる）」とうたわれた蘇州や湖州からの農作物のほか、さまざまな商品が運河を通じて流通し、とくに都だった開封は大いににぎわいました。流通が盛んになったことで、各地には定期市が開かれて人が集まり、そこから「鎮《ちん》」や「市《し》」と呼ばれる地方都市が生まれました。白磁や青磁の名産地として知られる景徳鎮《けいとくちん》（現在の江西省景徳鎮市）も、そうして発達した都市の一つです。

物流の増加にともなって銅銭が不足したことから、北宋の時代には「交子《こうし》」と呼ばれる世界初となる紙幣が、南宋の時代には「会子《かいし》」と呼ばれる紙幣が宋政府によって発行され、流通しています。

北宋の時代は、海外との貿易も活発でした。貿易を管理した役所である市舶司《しはくし》が置かれた沿海部の広州《こうしゅう》、泉州《せんしゅう》、明《めい》州《しゅう》（寧波《ニンポー》）などが栄えます。11世紀ごろには船底に竜骨を備えた大型の帆船が開発されるとともに、方位磁石が実用化され、遠洋航海が盛んになりました。アラビア半島のイスラム商人が陸と海の両方で東西の商品を仲介し、宋からは紙や絹、陶磁器などが西方に輸出され、インドや中東や

そのころ、日本では？

宋の皇帝が中央集権化を進めていたころ、日本でも藤原氏による政治（摂関政治）は終わり、出家した天皇が、上皇として権勢をふるっていました。その代表的な人物が白河上皇です。そして、その身を警護をする地位から、のちに平氏一門が台頭してくることになるのです。

アフリカ大陸からは、象牙や宝石、鉄、銀、ガラス製品などが東方にもたらされます。これを南海貿易といいます。

のちに、方位磁針をもとにして羅針盤《らしんばん》がヨーロッパで発明されることになります。このほかに、金との戦いで使われるようになった「火薬」、「活字印刷術」とを合わせて、三大発明といわれます。

南宋の時代になると、金の圧迫を受けつつも、江南では新たな耕作地が開拓され、農業生産が拡大します。10〜14世紀にかけては、地球の温暖化が一時的に進み、ベトナムから伝わった南方種の米の栽培が始まり、米と麦の二毛作が行われるようになると、食料の供給量が増加し、南宋時代の人口は1億近くにまで達しました。

統治における正当性の裏づけ

士大夫と呼ばれる階級だった人々は、文化面の活動でも足跡を残しています。

司馬光は、戦国時代から1300年以上の歴史を編年体で著します。この書は「政治の助けとなる鑑《かがみ》」という意味で『資治通鑑《しじつがん》』と名づけられ、今日でも価値の高い史料として評価されています。王安石、欧陽脩《おうようしゅう》、蘇軾らは傑作とされる漢詩文をいくつもつくり、唐の時代の柳宗元《りゅうそうげん》や韓愈とともに「唐宋八大家」と呼ばれ、現代まで名を馳《は》せています。

また、科挙の浸透とともに儒教は思想的にも深められ、「宋学《そうがく》」と総称されます。北宋時代の学者である程顥《ていこう》と程頤《ていい》の兄弟は、儒教、仏教、道教のさまざまな古典にもとづいて、自然界に漂う生命力の「気《き》」と、道徳理念の「理《り》」という二つの側面から人のあり方を論じます。さらにその思想を、南宋時代の思想家である朱熹《しゅき》（朱子《しゅし》）が整理して、「朱子学」を大成させます。

朱子学は『資治通鑑』で書かれている内容をもとに、主君への忠義、親への孝行など、社会秩序を重んじる「大義名分論《たいぎめいぶんろん》」を唱えました。のちに成立する王朝が支配体制を支える思想として利用するほか、日本の江戸時代には、幕府が自分たちの統治を正当化しつつ、武士の生き方の指針となる学問として朱子学を奨励《しょうれい》しています。

庶民に慕われる名裁判官

包拯

ほうじょう

(999 ~ 1062)

道教の神としても祀られている

騒乱の時代で活躍した人物とくらべると、平和な時代に活躍した人物は、日本ではよく知られていません。包拯(包公《ほうこう》)もそうした1人です。

科挙に合格して官吏となりますが、親の世話をするため一度退官したのち復職し、地方の判事(裁判官)などを歴任しました。清廉潔白で知られ、賄賂《わいろ》を受け取らず、政権の高位の役職に就いてもその姿勢を変えることなく、たとえ地位の高い人物が相手でもなびくことはありませんでした。

こうした姿勢から庶民の敬愛を集め、後世には京劇をはじめとして、包拯を主人公とするテレビドラマが数多くつくられています。

公正な裁きをするイメージは、道教の世界観における地獄で悪人を裁く閻羅王《えんらおう》と結びつき、包拯を神として祀った廟も中国各地にあります。

chapter 5

大帝国の統合

大草原に生まれた遊牧国家

江南に南宋、華北に金が対峙《たいじ》していた当時、モンゴル高原の北部では、遊牧民がいくつもの部族に分かれて争っていました。その一勢力であるボルジギン氏族の族長の息子として生まれたテムジン（鉄木真）は、早くに父を失いながら、次々と敵対部族を従えていきました。

そして1206年、族長会議であるクリルタイにおいてテムジンは「ハン（汗）」に推挙され、以降、「チンギス・ハン（成吉思汗）」と名乗るようになります。ハンとは、モンゴル族の君主を表す称号です。このときをもって、「モンゴル帝国」のはじまりとされています。

モンゴル帝国は東西に勢力を広げ、1227年に西夏を滅ぼします。チンギスはこの直後に死去し、クリルタイによって、末子ではない三男のオゴタイ（オゴデイ）が後継者に推挙されました。モンゴル族の慣習では、子どもが成長すると長男から順に自立していき、残った末子が父親の領地を受け継ぐため、異例ともいえるできごとでした。兄弟間での権力争いが生じたため、温和な性格だったオゴタイが選ばれたともいわれています。

チンギス・ハンの家系図

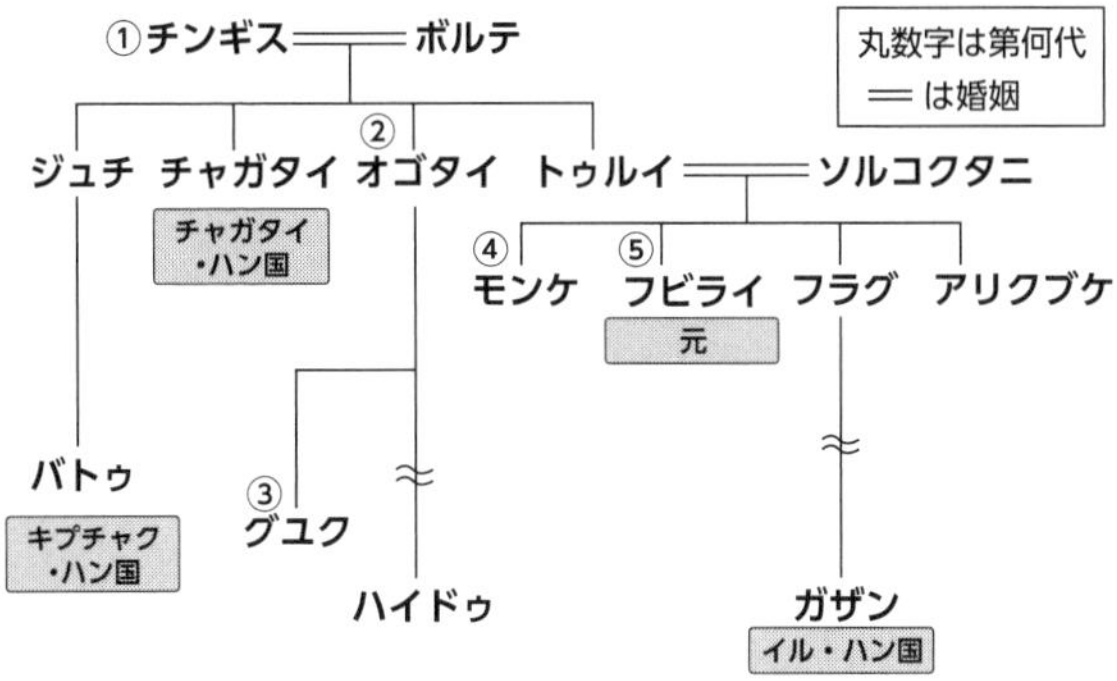

即位したオゴタイは、モンゴル帝国の君主を「ハーン（可汗）」と呼ぶことを定め、各地を治める君主をハンと呼んで区別しました。ハンを統べる存在として、ハーンを位置づけたのです。それだけでなく、モンゴル族は定住せずに家畜を連れて季節ごとに移動していましたが、オゴタイはモンゴル高原に都として「カラコルム」を建設します。

遊牧民であるモンゴル族は当初、農民から税を徴収して国家を経営する方法を理解していませんでした。そこで、新支配地の人材を活用します。たとえば、1234年に金を滅ぼすと、金に仕えていた契丹人の耶《や》律《りつ》楚《そ》材《ざい》などを重用して、金が漢人の王朝から取り入れた政治制度などを吸収しています。

西方に目を転じると、中央アジアから現在のイランまでを支配していたホラズム・シャー朝を1231年に滅ぼします。またモンゴル軍はヨーロッパへと侵攻し、東欧各地で神聖ローマ帝国軍をはじめ、ハンガリー王国軍やポーランド王国軍を破ります。この西方遠征は、1241年にオゴタイが急死したことで中断されます。

モンゴル帝国の強さはどこにあったのでしょうか。当時の多くの国は、貴族階級の指揮官の下に戦時のみ動員される傭兵や平民の歩兵がいましたが、足並みがそろわないうえに、末端の兵は戦闘技術も未熟でした。これに対し、遊牧民のモンゴル族はすべての軍人が熟練の騎兵で、戦闘技術にむらがないうえに、長距離の移動にもすぐれていました。さらに、10人を最小単位として100人、1000人ごとに部隊を編制し、高度に組織化されていました。

モンゴル軍による破壊と殺戮《さつりく》はすさまじく、ヨーロッパの人々には「地上に悪魔が攻めてきたのか？」とおそれられたといいますが、多分に宣伝の色彩が濃厚です。残虐さを強調して、戦わずして勝つための手段としていたとも見られています。

史上空前の巨大帝国

オゴタイの死後、その息子のグユクが政治工作もあって、クリルタイを経てハーンとなりますが、1248年に遠征の途上で急死します。一族内の抗争を経て、オゴタイの弟であるトゥルイの子で人望のあったモンケがハーンの座に就くと、中東の主要な地域を支配していたアッバース朝を1258年に滅ぼしました。

かくして、モンゴル帝国の版図はチンギスの代から50年ほどで、現在の満洲からトルコに至るまで、ユーラシア大陸の大部分、世界の4分の1程度におよびました。広大な支配地域には、主要な街道の数十キロメートルおきに大量の馬を配備した駅が設置され、騎馬のリレーによって連絡網を形成する「ジャムチ（駅伝制）」で結ばれ、各地のモンゴル軍の動向や支配地域の様子などは、もれなくハーンのもとへ届けられました。

モンケの死後、その弟のフビライと末弟にあたるアリクブケがハーンの座をめぐって争い、勝利したフビライが1264年に一族の実権を握ります。

モンゴル族は国家単位を「ウルス」といい、このころにはハーンであるフビライがモ

モンゴル帝国の版図

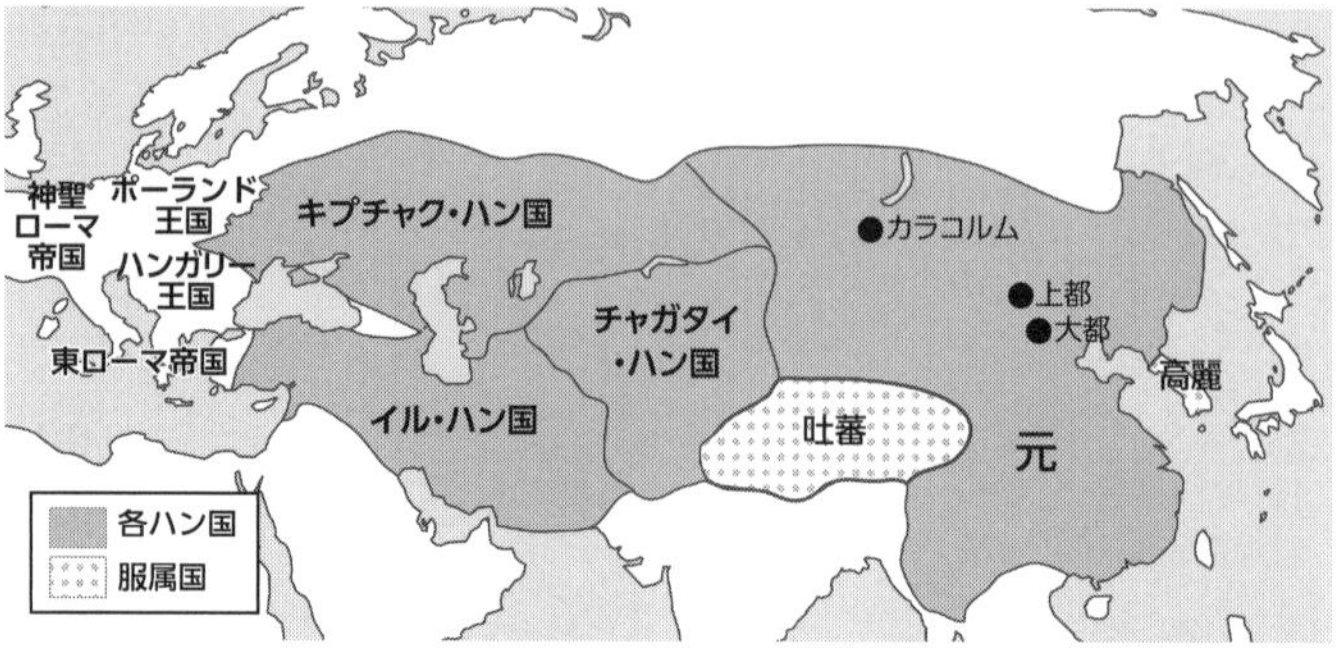

ンゴル高原から華北の地を支配下に置く一方、一族のチャガタイが中央アジアに「チャガタイ・ウルス（チャガタイ・ハン国）」、バトゥが現在のロシア南部に「ジョチ・ウルス（キプチャク・ハン国）」、フレグが中東に「フレグ・ウルス（イル・ハン国）」を築いていました。いわばモンゴル帝国は、フビライの直轄地と、西方の3ウルスの連合体だったといえます。そのため、ハーンのもとには、アラブ人をはじめ、民族や宗教を問わず各地の優秀な人材が集められました。

古典から国号を定める

モンゴル帝国が金を滅ぼす少し前に話をもどします。南宋は、かつて遼に対抗するため新興勢力の金と同盟したように、今度は金に対抗すべくモンゴル帝国と手を結びました。しかし、モンゴル帝国は金を征服後、じわじわと江南へ勢力を拡大。南宋も手中に収めようとはかります。

フビライは南宋攻略のため、西方の3ウルスへの関与を控え、東方の支配に専念します。手始めに、拠点をカラコルムから金の都であった中都《ちゅうと》の附近に移したうえで「大《だい》都《と》」（現在の北京）と改名しました。1271年には「大元（元）」という国号を定めました。この名は儒教の古典『易経』の「大哉乾元 萬物資始（大いなるかな乾元《かんげん》 万物《ばんぶつ》資《と》りて始《はじ》む）」という語句に由来します。従来の漢や唐などは、王朝の創始者がもともと治めていた地域名が国号の由来ですが、古典から国号を定めたのはこれが初めてです。なお、モンゴル帝国内で元は、西方の3ウルスと区別して「大元ウルス」といいます。

フビライは南宋への侵攻にあたり、モンゴル族伝統の騎馬軍団ばかりでなく、西方のペルシア人から取り入れた巨大な投石機（回回砲《かいかいほう》）、大船団、イスラム商人による兵糧

や武器の補給ルートも整えていました。南宋は江南の豊かさと地の利を生かして、それまで数十年にわたって金と元の南下をはばんできましたが、当時の南宋は政務の実権を握っていた賈似道《かじどう》と軍の重鎮たちの対立で足並みがそろわず、1276年に都の臨安が陥落。恭帝が降伏し、実質的に南宋は滅亡します。

南宋の遺臣らは恭帝の兄を奉じて抵抗を続けましたが、1279年にはその勢力も壊滅しました。元軍につかまった遺臣の1人、文天祥《ぶんてんしょう》は、降伏することを拒み続けて処刑されたため、岳飛などと並び、宋を代表する忠義の士としてたたえられています。

江南も元の支配下となったことで、唐の時代から数百年ぶりに中国の全土が再統一されたうえ、これまでのどの王朝よりも広大な領域となりました。元は遊牧民が開いた王朝として初めて、中国全土を統一したのです。

日本への侵攻は失敗

元は南宋の征服に先だって朝鮮半島の高麗に侵攻し、1270年に服属させました。続いて、1274年に元は日本への侵攻をはかり、約3万人の兵を九州北部に送りました。日本の鎌倉幕府は南宋と国交を結んでいませんでしたが、日宋間の貿易が活発だったため、フビライは日本と南宋の連携を断とうと考えたようです。ところが、元軍は鎌倉幕府が派遣した御家人らのはげしい抵抗を受け、準備が不十分だったこともあり、早々に撤退しました。いわゆる「文永の役」です。

それであきらめるような元軍ではなく、南宋を征服後の1281年に再度、日本への侵攻をはかります。これが「弘安の役」です。フビライは、元の支配に不満を抱く南宋の旧兵と高麗から動員した14万人もの大軍団を日本へ送り込みました。ところが、前回以上の強い抵抗と、折からの台風の影響で失敗に終わりました。

元による二度にわたる日本への侵攻を「蒙古襲来《もうこしゅうらい》（元寇《げんこう》）」といいます。ただし、蒙古襲来は単なる軍事的な侵略だけでなく、市場の拡大という目的もありました。実際、南宋が元の支配下になって以降も、民間の商人や僧侶との間では、盛んに日本との貿易や文化交流が行われています。

フビライは日本への三度目の侵攻も計画していましたが、実現しないまま死去しています。

同時期、元は三度にわたって占城《せんじょう》（現在のベトナム）に侵攻。抵抗を受けて全土の占領には失敗したものの、東南アジアの大部分は元の勢力下に入りました。

多様な種族で構成

元の成立によって、中国社会は農耕を中心とする漢人、遊牧民であったモンゴル人、そのほかの地域の人々が共生するようになりました。身分は同じではなく、モンゴル人、色目人《しきもくじん》（西域の出身者）、漢人（金が支配した華北の住人）、南人《なんじん》（最後に征服された南宋の住人）の順に身分が高かったと伝えられていますが、絶対的なものではありませんでした。色目人の多くは、中央アジアや中東から移ってきたトルコ人、アラブ人、ペルシア人などのイスラム教徒で、元の時代には約１００万人もの色目人が西方から移住してきたと推定されています。

現在も中国では新疆ウイグル自治区にトルコ系のイスラム教徒が住み、各地には回族と呼ばれるイスラム教徒の少数民族が約１０００万人いますが、その多くは色目人の末裔と考えられています。

また、それぞれの地域に合わせた統治制度が存在しました。支配階級のモンゴル人の間ではチンギスが定めた千戸制（10戸を最小単位として100戸、1000戸ごとに組織）が、かつての金、西夏といった支配領域では金が用いていた統治制度が適用されました。漢人に対しては、基本的に唐や宋の統治制度が引き継がれ、皇帝（ハーン）のもとに行政を担当する中書省、軍務を担当する枢密院、官吏を統制する御史台という三つの中央官庁が設置されます。さらに全土を11に区分し、それぞれ地方組織の行中書省《こうちゅうしょしょう》に統治させせました。これが現在の中国の地方行政区画「省」のはじまりです。

ただし、中央官庁の人事は大きく変わります。世界的な視野を持っていたフビライは、イスラム教徒やキリスト教徒にも優秀な人材がいるとして、漢人の官吏の教養として必須だった儒教を重視せず、科挙を廃止。そのうえで、中央官庁の要職にモンゴル人の貴族をすえ、その下に実務能力に応じて漢人たちを官吏として置きました。

14世紀に入ると、科挙が再開されますが、規模は小さく採用は少数でした。

科挙が縮小されたことで、士大夫・官吏の道を絶たれた人の中には、文筆活動に従事する知識人が増え、活版印刷の発達と流通の活発もあいまって多くの本が出版されました。古代からの中国王朝の歴史をわかりやすくまとめた『十八史略《じゅうはちしりゃく》』、農業技術の集大成である『王禎農書《おうていのうしょ》』などの学術書がその一例です。そのほか、それまで講談で語り継がれてきた『水滸伝』『三国志演義』『西遊記』などが白話小説（口語体で書かれた小説）として出版されたほか、「元曲《げんきょく》」と呼ばれる歌劇が流行しました。

大帝国が結びつけた東西

大元ウルスを中心としたモンゴル帝国は、漢人とは異なり、農業よりも商業を財源の中心とし、イスラム商人のネットワークを利用したシルクロード貿易に力を入れます。遊牧国家のモンゴル帝国は商業を活性化させるため、関所や港湾では商品に対する一切の関税を廃止しました。フビライは大元ウルスの財力を示すため、毎年、新年のあいさつに来た各ウルスの有力者に大量の銀を配りました。受け取った側はそれを地元の商人に貸しつけ、商人はそれを東方の商品を買いつけるのに使うことで、銀が帝国の版図をめぐり、貨幣経済が活発化します。

商業の規模や範囲が広がると、金属貨幣は重たくて持ち運ぶのに不便なため、モンゴル帝国は紙幣を普及させます。この紙幣を「交鈔《こうしょう》」といいます。当時はまだ「この紙切れに銀貨と同じ価値がある」といわれても納得しない人が多数でした。そこで一定額の紙幣がいつでも同額の銀または塩と交換可能と定めました。広大な大陸の内陸部では、塩は貴金属と並んで貴重であり、大元ウルスでは塩は重税を課した国家の専売品とされ、民間人による取引は制限されていたからです。

モンゴル帝国による貿易網の確立は、経済のグローバリズム（国際化）の先駆ともいえるでしょう。かねてより西方に輸出されていた紙や絹、陶磁器などに加えて、火薬の製法や方位磁石の利用法など、宋の時代に発達したテクノロジーも中東やヨーロッパに広まります。これは、西洋人の世界観にも大きく影響しました。中世のヨーロッパの人々は、中東のイスラム圏諸国とは接点があっても、さらに東方の国々の存在はほとんど意識していませんでした。しかし、モンゴル帝国が東西の文化や商品を結びつけた結果、西洋人の間でも中国という文化圏が広く認識されるようになったのです。

そうして、元には西方から多くの外国人が訪れました。ローマ教皇に派遣された修道士のプラノ・カルピニは、初めて公式に中国でキリスト教のカトリックを布教した人物です。北アフリカ出身の旅行家であるイブン・バットゥータは、著書の『三大陸周遊記』（『大旅行記』）で元を含むアジア各地の文化や歴史をイスラム諸国に伝えています。

なかでも、イタリアのヴェネツィア出身の商人とされるマルコ・ポーロは、帰国後に元や周辺地域の事情を記した『東方見聞録』を著したことで知られています。ただ、元側にはマルコ・ポーロ一行の来訪の記録がなく、『東方見聞録』には先行する書物の引用や不正確な伝聞も含まれているため、本当に元を訪れたか、あるいはマルコ・ポーロなる人物が実在したかどうかも不明です。

寒冷化と疫病で衰退

フビライが１２９４年に79歳で死去すると、以降は短命の皇帝が続き、しだいに政情は不安定になります。加えて、14世紀には地球規模で寒冷化が起こったため、元を含めた世界各地で農業の生産量が落ち込みます。

追い討ちをかけるように、ヨーロッパでは黒死病（ペスト）が大流行し、人口が激減。商業活動は滞り、大きな収入源だった貿易が衰退します。ペストがヨーロッパに伝染したのは、モンゴル帝国のグローバル化によってアジアから病原菌が西方へ広められたことが要因とされています。

財政が悪化した元は、財源を確保しようと安易に交鈔を大量に発行した結果、貨幣の価値は下落し、物価は上がっていきました。つまりは、インフレーションが進みます。

そうして社会不安が増大し、不満の受け皿として、白蓮《びゃくれん》教《きょう》が民衆の間で広まります。光明の神をあがめる明教《めいきょう》（マニ教）と、「いずれ弥勒菩薩《みろくぼさつ》が現れて民を救う」という仏教の弥勒信仰が融合してできた宗教結社です。この白蓮教徒を中心とした「紅巾《こうきん》（白蓮教徒）の乱」が1351年に起こります。紅巾と呼ばれるのは、反乱軍の兵士が赤い頭巾を着用していたことに由来します。

これに呼応するように各地で反乱が続発し、元の統治は混迷を深めていきます。

そのころ、日本では？

鎌倉幕府が滅び、1333年に後醍醐《ごだいご》天皇による親政（建武《けんむ》の新政）がスタートしました。しかし、恩恵が少ない武士らの不満が高まると足利尊氏《あしかがたかうじ》が立ち上がり、後醍醐天皇側との争いが始まり、日本にも南北朝時代が訪れます。1338年には、足利尊氏は征夷《せいい》大将軍に任命されました。

知れば知るほどおもしろい中国の偉人⑤

謎多き娯楽小説の大家

羅貫中

らかんちゅう

（14世紀後半）

歴史を題材とした数多くの作品を残す

　日本でも親しまれている『三国志演義』『水滸伝』は、もともと各地で語り伝えられ、さまざまな形式がありました。それらを現在知られている読み物として編纂した人物が、羅本《らほん》（羅貫中）です。

　しかし、その生涯については、ほとんどわかっていません。作家活動を始める以前は、下級官吏だった、元代末期の反乱に参加していたとも伝えられています。

　1330年から1400年にかけて湖海散人《こかいさんじん》と名乗って執筆にいそしみ、『三国志演義』と『水滸伝』を完成させたといいます。一説には、同じく作家の施耐庵《したいあん》の弟子となり、共著として完成させたともされます。このほか、『隋唐演義』『平妖伝《へいようでん》』などの作品を残しました。

　日本の江戸時代の娯楽小説家である曲亭《きょくてい》馬琴《ばきん》は『平妖伝』に強い影響を受け、『南総《なんそう》里見《さとみ》八犬伝《はっけんでん》』といった伝奇色の強い作品が生まれました。

chapter 6

グローバル化とともに

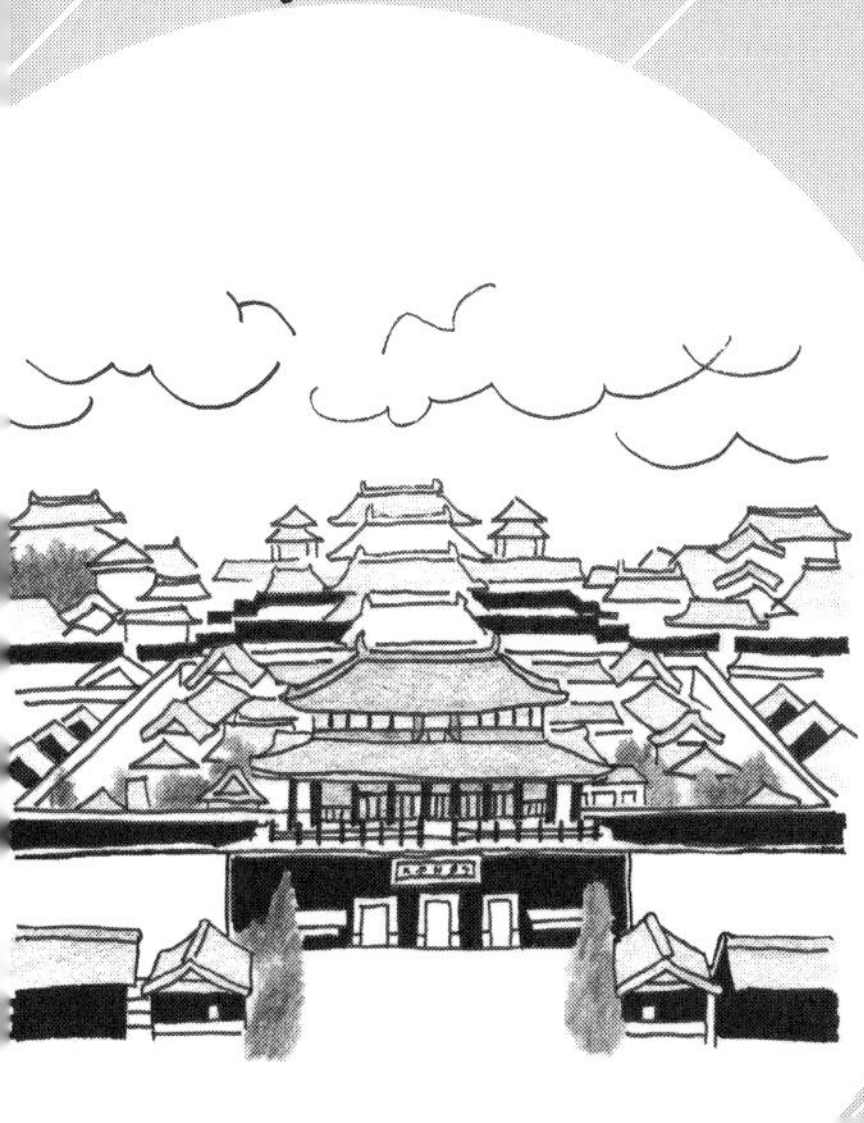

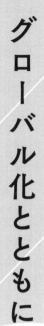

南から生まれた新王朝

新しい王朝を建てることになる朱元璋《しゅげんしょう》は、漢を建国した劉邦と同じく、庶民の出身でした。飢饉と疫病により親兄弟を失い、乞食僧《こつじき》となって放浪生活を送り、極貧生活で元の統治に反感を抱きます。紅巾の乱が起こると反乱軍に身を投じ、頭角を現して将軍となったのちに自立。1356年には集慶路《しゅうけいろ》（現在の江蘇省南京市）を占領して、同地を応天府《おうてんふ》と改名しました。

このころの江南には朱元璋のほかに、陳友諒《ちんゆうりょう》や張士誠《ちょうしせい》といった首領が率いる反乱勢力が軍閥化して争っていました。朱元璋は1364年に呉王を名乗るとライバルを倒し、江南の穀倉地帯を支配下に置いていきます。その2年後、白蓮教の指導者であり紅巾軍の形式上のリーダーだった韓林児《かんりんじ》（小明王《しょうめいおう》）が死ぬと、朱元璋は紅巾軍の主導権を握ります。なお、韓林児は朱元璋に暗殺されたという説が有力です。

1368年1月、朱元璋は応天府において「明」の建国と皇帝への即位を宣言します。明という国号は白蓮教の異名である明教に由来するともいわれますが、定かではありません。というのも、朱元璋は紅巾軍に与《くみ》していましたが、勢力を広げるにつれて白蓮教を危険視するようになり、邪教《じゃきょう》として弾圧しているからです。

一方、元はなおも華北を支配していましたが、江南の騒乱で物流がとどこおり大都は経済的に孤立しました。1368年8月、明軍が大都を占領し、華北の大部分を制圧すると、元の皇族と要人らはモンゴル高原へ逃れ、その後も約20年間にわたって明との抗争を続けました。この勢力を明は「北元《ほくげん》」と呼んで胡族から漢人が政権を奪回したと位置づけました。

元から明への王朝交代に連鎖して、朝鮮半島の高麗では、高麗の将であった李成桂《りせいけい》が王室の親元派を打倒し、1392年に「朝鮮（李氏朝鮮）」を建国。当初から明の冊封に組み入れられました。

皇帝の権力を強化

朱元璋は1368年の皇帝への即位時に「洪武《こうぶ》」という元号を定めるとともに、1人の皇帝の治世における元号は一つだけとする「一世一元の制」を定めました。これにより、各皇帝の呼称をそれまでの廟号で表記するのではなく、元号のあとに「帝」をつけて呼ぶようになります。洪武帝はその一例目です。一世一元は明治時代以降の日本でも採用されています。

明の統治機構は当初、元の時代を引き継いでいました。しかし、洪武帝の古くからの仲間で政権で重要な地位にあった胡惟庸《こいよう》が皇帝の暗殺を企てたとして、胡惟庸とその関係者と見なされる人々を処刑します（胡惟庸の獄）。朱元璋はこの機に皇帝の権力を強化すべく、中書省を廃止し、六部を皇帝直属の機関としました。

洪武帝は、天子の立場を固め、人民を直接支配するため、胡惟庸を手はじめに、功臣や有力者の粛清をくり返し、関係者を含めた十数万人を死に追いやりました。さらに、臣下には皇帝の前で立つことを許さず、ひざまづかせることを義務づけました。これは皇帝への絶対服従を示す儀礼として、以降の歴代の皇帝に引き継がれます。

元が商業に力を入れたのと対照的に、明は農業を中心とした社会を目指し、外国との接触を制限しました。そのため、国の財源は農村からの物納が中心になり、貨幣の流通は元の時代とくらべて縮小します。

農民を支配するため、土地台帳を整備し、農地の区分と所有者を明確にしました。この台帳は、地域の区分が魚の鱗のように見えたため「魚鱗図冊《ぎょりんずさつ》」と呼ばれます。加えて、農村の自治のため「里甲制」を導入します。農村の110戸を1里とし、この中で富裕な10戸をリーダー格の里長として各10戸を指導させることで、効率よく税を集めたり、労務に動員したり、農村の治安維持にあたらせました。

対外政策では、北方の防備を強化し、長城を越える人の往来をきびしく取り締まりました。現在の中国で見られる長城の大部分は、明の建国から150年ほどの間に築かれたものです。

沿海部では民間人による貿易を禁じる「海禁」を徹底し、外国との交流は朝貢国のみとされました。「倭寇《わこう》」と呼ばれる海賊集団が東シナ海沿岸部を荒らしていたことに、そ

そのころ、日本では？

成立した明と最初に国交を結んだときの日本の代表は、南朝の懐良《かねよし》親王（後醍醐天皇の皇子）です。倭寇の取り締まりを求め、洪武帝が送った使者が九州へ到着し、その交渉相手を懐良親王が務めたからです。そして、懐良親王は「日本国王」に封じられています。

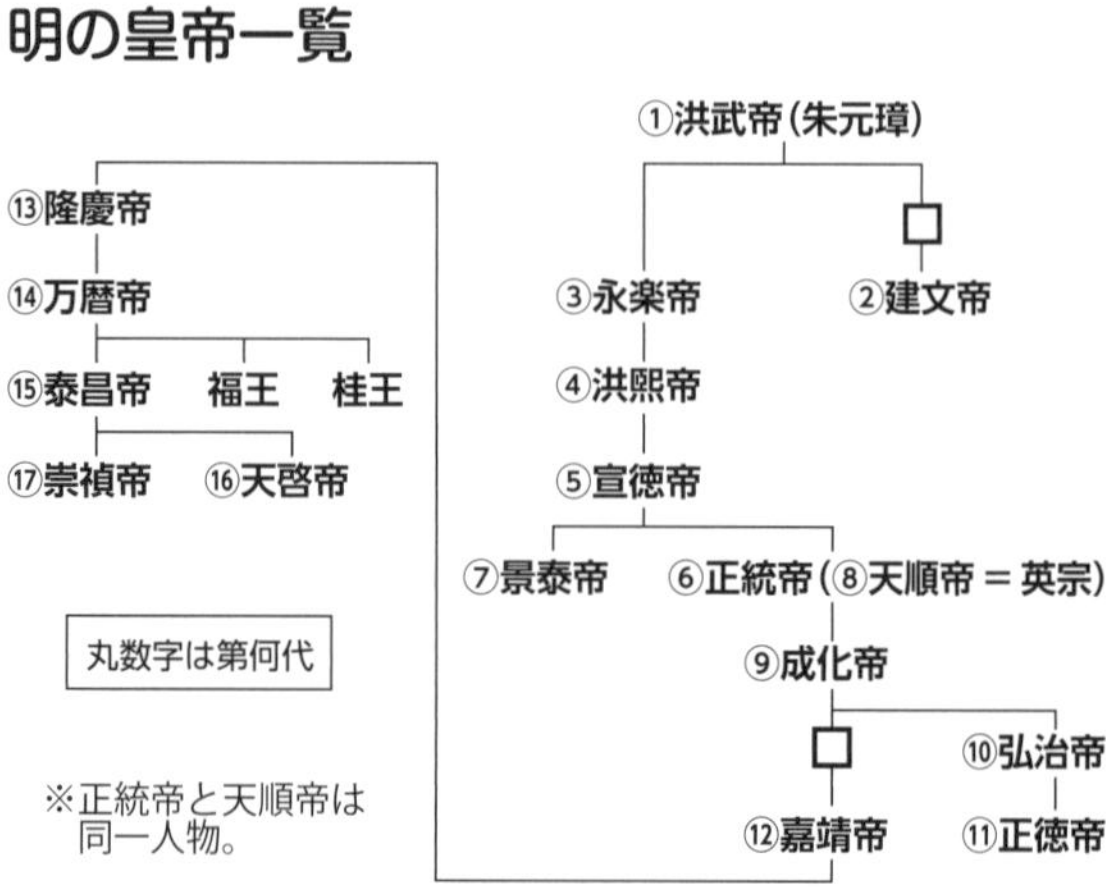

の一因があります。初期の倭寇は九州北部の日本人が中心でしたが、のちには明や朝鮮の出身者が大部分を占めました。

元の残党をはじめとする北方の遊牧民と、倭寇の脅威とを合わせて「北虜南倭《ほくりょなんわ》」といい、明はのちのちまで頭を悩まされることになります。

歴史から消されかけた皇帝

洪武帝が１３９８年に死去すると、長男はすでに死去していたため、孫にあたる朱允炆《しゅいんぶん》が即位して建文《けんぶん》帝となります。当時の明の国内には、洪武帝によって、その息子らが王として各地に封じられ、強い権限を有していました。そこで、若い建文帝は皇帝の地位を盤石にすべきという側近らの進言のもと、おじにあたる各地の王を廃していきます。

北元との最前線にあたる北平一帯を治めていた洪武帝の四男で燕《えん》王の朱棣《しゅてい》は、いよいよ自分の順番だと考え、先手を打って挙兵します。このとき朱棣は「君側《くんそく》の奸《かん》（皇帝の側にいる悪質な高官）を除き、帝室の難《なん》を靖《やす》んずる」と主張したことから、この騒乱を「靖難《せいなん》の役《えき》（変）」といいます。

皇帝軍は兵数からすれば圧倒的でしたが、朱棣が精強な軍隊を有していたことに加え、建文帝の臣下は洪武帝の恐怖政治の反動から忠誠心が低く、さらに洪武帝の遺訓により冷遇されていた宦官の中には朱棣に内通する者もいました。こうした事情もあり、3年の戦乱の末、朱棣が応天府を制圧して勝利します。建文帝は戦火の中で焼死したとされますが、遺体が見つからなかったことから逃亡したという説も存在します。

勝者となった朱棣は、1402年に永楽帝として即位します。とはいえ、先帝の孫からそのおじへと帝位が継承した前例はなく、政権交代を正当化できる大義名分もありません。このため永楽帝は、建文帝は帝位に就いておらず、建文という元号もなかったことにしてしまいました。なお、建文帝の死後から200年ほどして、建文の元号は復活され、正式な元号となっています。

「北京」として初めて都に

それまでの明は、江南を主な基盤としていました。ところが、北平一帯を地盤としていた永楽帝は、建文帝の支持者が多かった応天府を避けるとともに、北方の遊牧国家を警戒するという理由で北平に都の建設を進めます。遷都は1421年に完了し、宮城である「紫禁城《しきん》」が置かれた北平は、都を意味する「京」の字がつけられ「北京《ペキン》」と改称され、応天府は「南京《ナンキン》」と改称されました。

遷都した永楽帝は中央官庁の改革に着手します。中書省に代わって皇帝を補佐する「内閣大学士」が設置され、実質的に宰相の役割を果たすようになりました。明治時代以降の日本において国務大臣の属する行政府（英語での「cabinet」）を内閣と呼ぶのは、ここに由来します。

兵を興して帝位についた永楽帝は、自分の権威の裏づけとして朝貢国を増やそうと考え、1405年から大艦隊による「南海遠征」を進めます。その指揮官となった鄭和《ていわ》は、靖難の役の以前から永楽帝に仕えていた宦官で、色目人の血を引くイスラム教徒でした。

鄭和は数万人の乗組員で構成された大船団を率い、7回の大航海を行います。ヨーロッパ人がアフリカ大陸南端の喜望峰《きぼうほう》に達したのは1488年のことですが、鄭和はそれより数十年も早く、インド洋を経てアフリカ大陸に到達し、キリンやサイといった動物を持ち帰りました。

明への朝貢国は洪武帝の時代から倍増して30カ国以上になったものの、出費がかさんだため、1433年の航海を最後に南海遠征は打ち切られます。この航海がきっかけとなり、「華僑《かきょう》」と呼ばれる漢人の移民が東南アジア各地に進出することになるのです。

海洋進出だけでなく、永楽帝はみずから軍を率いて北方遠征をくり返し、長城の北に勢力圏を広げています。ただし、永楽帝が没したのち、モンゴル系の遊牧勢力が台頭するなど、明は北方に外患を抱え続けるのでした。

親征中に皇帝が捕虜に⁉

永楽帝は生前、「東廠《とうしょう》」という諜報《ちょうほう》機関を設け、政敵の情報収集にあたらせるなど、宦官を巧みにコントロールして利用していました。しかし、1424年に永楽帝が没して以降は、宦官がだんだんと政治に関わるようになっていきます。

第6代の英宗《えい》はわずか9歳で即位したため、その教育係だった宦官の王振《おうしん》が実権を握ります。1449年、エセン・ハンが率いるオイラト軍が大々的に侵攻してくると、英宗は王振のすすめもあって親征します。ところが、備えが不十分なこともあり明軍は土《ど》木堡《ぼくほ》で敗れ、王振が戦死し、英宗が敵軍にとらわれます（土木の変）。

明側は混乱に陥ったため、軍の高官である于謙《うけん》が中心となり、英宗の弟を景泰《けいたい》帝として即位させて北京の防備を固め、オイラト軍を退けます。そして、交渉によって英宗の身柄を取り返します。その後、英宗は軟禁状態に置かれましたが、景泰帝の病に乗じてクーデターを起こして復位します。クーデター後には、于謙が無実の罪で処刑されました。景泰帝をうらんでいた英宗は、景泰帝の死後、皇位を剝奪して、陵墓を残させませんでした。

英宗の子である成化《せいか》帝の治世ののち、16世紀に入るころには、産業の発展にともなって再び貨幣経済が活発になります。ヨーロッパは大航海時代に突入し、1517年にはポルトガル人が来航するなど、しだいに外国との交流が活発化していきました。1567年には海禁が緩められて、民間による貿易も認められるようになります。

1572年に10歳で即位した万暦《ばんれき》帝は幼いこともあって、宰相にあたる内閣大学士の張居正《ちょうきょせい》の主導で諸改革を断行します。長年続いた北虜南倭への対処などによって財政が逼迫《ひっぱく》していたからです。張居正は、検地にあたる「土《と》地丈量《ちじょうりょう》」を全国規模で行い、課税対象となる土地を正確に把握したうえ、種々の労役を廃止して銀での支払いに一本化する「一条鞭法《いちじょうべんぽう》」を普及させます。これらの政策改革で財源は持ち直します。

明とその周辺国

ところが、1582年の張居正の死去後、万暦帝は政務をないがろにし、奢侈《しゃし》にふけるようになります。

同時期の日本は安土桃山時代末期にあたり、豊臣秀吉が東アジアに勢力を広げようと、1592年と1597年の二度にわたって朝鮮に侵攻します（朝鮮出兵）。万暦帝は朝貢国である朝鮮を支援すべく大軍を派遣した結果、日本の軍勢は退けられたものの、戦費の負担が大きくのしかかり、明の国力は衰えます。そのため、歴史的には、明の滅亡の要因は万暦帝の失政にあるとされています。

幕末の志士に影響を与えた陽明学

明代には、元代で停滞していた儒教の復興が進みました。永楽帝は四書五経の公式な注釈書となる『四書大全』『五経大全』を編纂させています。また、それまで儒教の中心的な学派は朱子学でしたが、16世紀には、官吏でもあった王陽明《おうようめい》が「陽明学」という学派を生み出します。道徳理念の一種である「理」に従うことを重んじた朱子学に対し、陽明学は個々人が良心にもとづいて行動する「知行合一《ちこうごういつ》」を説きました。のちに、江戸時代の儒学者である中江藤樹《なかえとうじゅ》によって日本でも陽明学は広まり、吉田松陰や西郷隆盛らの幕末の志士が強い影響を受け、倒幕の行動を起こすことになるのです。

大衆向けの文芸では、色欲と出世欲をきわめる男の生き様を描いた『金瓶梅《きんぺいばい》』が書かれ、『西遊記』『水滸伝』『三国志演義』を合わせた「中国四大奇書」が成立しました。

内乱によって滅亡

13世紀に金が滅亡したあとの満洲では、ジュシェン（女真）人が複数の部族に分かれて生活していました。明はそんな女真を支配下に置いて経済交流を行いつつ、各部族が結束して逆らわないよう、女真の内部対立をあおる政策を取っていました。

16世紀末、女真のアイシンギョロ（愛新覚羅）氏に属するヌルハチは、漢人との貿易利権を一手に握って急速に力をつけていきます。そして軍制を整え、300人の男性を1ニルという部隊に組織し、25ニル（7500人）で1グサ（旗）とし、八つのグサは色の異なる旗を掲げさせました。これを「八旗《はっき》」といいます。

この八旗軍によりヌルハチは女真を統一してハンとなり、1616年に「アイシン」

という国号を定め、明から独立。ジュシェンをマンジュ（満洲）と改称しました。アイシンは満洲語で「金」を意味したことから、アイシンは漢人から「後金《こうきん》」と呼ばれました。明は後金の独立を認めず、討伐軍を送り込んだものの、逆に遼東《りょうとう》を占領されます。

ジュシェンには生前に後継者を定める習慣がなかったため、ヌルハチの死後、一族の合議によって、ヌルハチの八男のホンタイジがハンを継ぎました。ホンタイジは内モンゴルに勢力を広げ、モンゴル族からハーンの伝国璽《でんこくじ》を譲り受けました。これは、満洲、モンゴル、漢人を治める帝位を受け継ぐ口実を得たことを意味します。

1636年、ホンタイジは国号を中国風の「大清《だいしん》（清）」と改め、皇帝に即位し、明の統治制度を取り入れます。この前後には部族の名を女真族ではなく、満洲族と名乗るようになります。さらに朝鮮に侵攻して、清の属国としました。

清の独立を明に認めさせるため、ホンタイジは兵を送り込みますが、難攻不落の山海《さんかい》関《かん》（長城の東端）と守将である呉三桂《ごさんけい》をはじめとする明軍の抵抗もあり、目的を果たせぬまま急死します。そうして、その息子でまだ6歳のフリンが順治帝《じゅんちてい》として即位し、おじのドルゴンが摂政として幼い皇帝を支える体制となりました。

万暦帝ののちも、明の政治は改善されませんでした。万暦帝の孫にあたる天啓帝の時代、宮廷では魏忠賢《ぎちゅうけん》ら宦官と高級官吏が私腹を肥やし、これを批判する顧憲成《こけんせい》ら「東林党」と呼ばれる政治党派との間ではげしい政争が起こります。

1627年、天啓帝が23歳で没すると、その異母弟が皇帝（崇禎帝《すうてい》）に即位します。崇禎帝は魏忠賢ら宦官勢力を排除後、熱意をもって政治改革に取り組んでいました。ところが、疑心にかられ臣下を次々と粛清したことから、朝廷は混乱しました。

その最中、陝西で飢饉が発生し、反乱が相次ぎます。反乱軍の指導者だった李自成《りじせい》は王を称し、国号を「大順《だいじゅん》（順）」と定め、北京へ進軍を開始しました。明軍の主力は清との戦いに動員されていたうえ、崇禎帝の失政もあって李自成は難なく北京を制圧。追いつめられた崇禎帝は自害し、1644年に明は滅びました。

北京を占領した李自成でしたが、呉三桂の先導のもと山海関を越えて攻めてきた清軍に北京を追われ、逃亡中に殺害されます。北京を占領していたのはわずか40日間でした。

呉三桂が清に求援を頼んだ真意は不明です。主君である明の皇帝を自害に追いやったことへの復讐、李自成軍の指揮官が呉三桂の意中の女性を奪ったのが原因ともいわれます。ともあれ、呉三桂の協力もあって、清は北京を占領。その後、北京を拠点とし、ドルゴンの死後に親政を始めた順治帝は、清の勢力を中国全土に広げていきます。

明を立てて漢人を懐柔

清はいわば、モンゴル人による元と同じ立場だったのですが、漢人に対する方針が異なりました。清が北京を制圧したとき、漢人の人口は約1億人と推定されるのに対して、満洲人は50万人ほどでした。元は南宋を征服する前に、財務や軍事にすぐれた色目人を大量にスカウトしていましたが、清にはそういった人材もいません。少数の満洲人が大多数の漢人を支配するのは容易ではないため、清は漢人の懐柔《かいじゅう》をはかります。

まず、崇禎帝の遺体を丁重にとむらい、「明を滅ぼしたのは李自成であり、清は明の仇を討った」という解釈を広め、清の支配を正当化しました。加えて、都である北京を荒らさず、李自成の乱で破壊された紫禁城を建て直し、引き続き、宮城としました。明の行政制度や科挙による官吏の採用を維持しています。

また、漢人の伝統文化ともいえる儒教と道教を保護し、孔子を祀った孔子廟、三国時代の英雄として民衆に人気の高い関羽《かんう》を祀った関帝廟が各地に築かれました。さらに、民心をつかむために減税も実施します。

とはいえ、漢人に譲歩してばかりでは威厳が保てません。そこで、満洲人の風習である辮髪《べんぱつ》を漢人に強要します。辮髪は頭頂以外の髪をそり落とすヘアスタイルで、日本のちょんまげと同工異曲、そる部分がちがうだけです。敵味方の区別をつける目的もありました。漢人は儒教の影響で装《よそお》いを改めることを忌《い》み嫌うことから反発しましたが、辮髪を拒否する者は見せしめとして処刑されました。

清が中国大陸の大部分を占領したのちも、江南の各地では明の皇族の生き残りを盟主に掲げる人々が抵抗を続けていました。これらの勢力は南明《なんみん》と呼ばれます。倭寇の鄭芝《ていし》龍《りゅう》と日本人女性の田川マツの間に生まれた鄭成功《ていせいこう》も、それに与しました。南明の唐王から皇族と同じ「朱」の姓を授けられたことから、鄭成功は国姓爺《こくせんや》とも呼ばれます。この「爺」は老人の意味ではなく、一種の尊称です。

鄭成功らは日本の江戸幕府に助力を求めましたが、幕府は外国との交渉を断つ方針だったため拒絶されます。清軍の攻勢によって大陸から追い出された鄭成功は、１６６１

年にオランダ軍を駆逐して台湾を占領し、政権を樹立しました。日本ではのちに、鄭成功をモデルとした浄瑠璃《じょうるり》の演目『国性爺《こくせんや》合戦《かっせん》』がつくられ、好評を博しました。

同じく南明に仕えた儒学者の朱舜水《しゅしゅんすい》は、1659年ごろに日本に亡命し、水戸藩主だった徳川光圀《みつくに》の師となります。光圀は朱舜水から教わった朱子学などの影響も受け、歴史書の編纂に着手。のちに、水戸学《みとがく》という学派が成立していきました。忠君愛国を説く水戸学は、江戸時代後期には「幕府から皇室へ権力を取りもどし、外国の侵略を退けよ」という尊皇攘夷《そんのうじょうい》の思想と結びつき、江戸幕府を打倒する原動力となるのです。

税制の改革と人口の把握

中国全土を統一した順治帝の死後、1661年に即位した康熙《こうき》帝から、雍正《ようせい》帝、乾《けん》隆《りゅう》帝までの3代130年あまりは、清の最盛期にあたります。康熙帝の在位は歴代の皇帝の中でも最も長く61年、乾隆帝の在位はこれに次ぐ60年におよびました。

康熙帝は非常に勤勉で、質素な生活を心がけて朝早くから執務に没頭し、漢人の学問である儒教に傾倒する一方、満洲人らしく狩猟も好みました。また、満洲人と漢人の伝統料理のフルコースを集めた「満漢全席《まんかんぜんせき》」を初めてつくらせたといいます。

順治帝は、沿海部の南明勢力や倭寇の活動を抑えるため、明と同じく海禁政策を取りました。しかし、康熙帝は南明勢力を平定し、台湾の鄭一族も1683年に降伏させます。同時期、華南では王に封じられていた呉三桂ら3人が反乱を起こしました（三藩《さんぱん》の乱）。この3人は漢人でしたが、明から清にくだって王となったことから民からも支持を得られず、1681年に乱は平定されます。清の大陸支配を確立した康熙帝は、海禁政策をゆるめて貿易に力を入れ、上海、寧波、厦門《アモイ》、広州の4カ所を開港します。

満洲ではシベリア東部に進出してきたロシア帝国と衝突が起こります。康熙帝はロシアと1689年に「ネルチンスク条約」を結び、アルグン川と外興安嶺《そとこうあんれい》（スタノヴォイ山脈）を両国の国境と定めます。これは中国の歴代王朝が朝貢関係ではなく、初めて対等な関係で結んだ国際条約です。なお、締結当時は清がロシア帝国より優勢で、現在ではロシア連邦領となっているサハリン（樺太《からふと》）対岸の沿海州までが清の勢力圏でした。

清は版図の拡大とともに、正確な徴税が課題となります。というのも、明からそのまま受け継いだ清の税制は、人口の1人1人に対する「丁銀」と土地に対する「地銀」の

2種類からなっていましたが、丁銀の徴収を逃れようと子どもが生まれても申告しない者がいたからです。そこで康熙帝は、1711年時点の成人の数を基準に、それ以上の丁銀の徴収を取りやめ、税を地銀に一本化します。これを機に、人口の増加が報告されるようになり、清の人口は18世紀末には約3億に達しました。

康熙帝は西洋の暦学や地理学なども積極的に吸収し、宣教師のカスティリオーネに、ヨーロッパ風の庭園「円明園《えんめいえん》」を築かせます。

四つの顔を持っていた清の君主

先に述べたように、満洲人はリーダーの存命中に後継者を定めておく慣習がなかったため、康熙帝は死の直前になって四男の胤禛《いんしん》を後継者とし、1722年、胤禛が即位して雍正帝となります。雍正帝は康熙帝に劣らず仕事熱心で、各地からの報告書に欠かさず目を通し、部下に任せず自分で返答しました。さらに、部族の有力者による会議を廃止して、中央官庁での皇帝への権力集中を進めます。ただし、地方は引き続き、各地の有力者に統治させ、地方ごとの慣習的な制度は維持されました。

かねてより康熙帝は、モンゴル西部からチベットを支配し、モンゴル高原に進出していたオイラト系の遊牧国家ジュンガルの討伐をくり返しました。雍正帝はこれを継ぎ、チベットを清の版図に組み込みます。チベットでは17世紀に観音菩薩《かんのんぼさつ》の転生者とされるダライ・ラマを頂点とする体制が確立しており、清の皇族はモンゴルやチベットの支配を円滑にすべく、同地で信仰されるチベット仏教に帰依《きえ》しました。こうして清の君主は、満洲の族長、モンゴル人のハーン、漢人の皇帝、チベット仏教の保護者という四つの顔を持つことになります。

1735年に即位した乾隆帝は、祖父の康熙帝を深く敬愛する一方、生活は質素だった祖父とちがって、文化や芸術に金を惜しまず、多様な書画や工芸品を集め、それらは現在の北京と

清の皇帝一覧

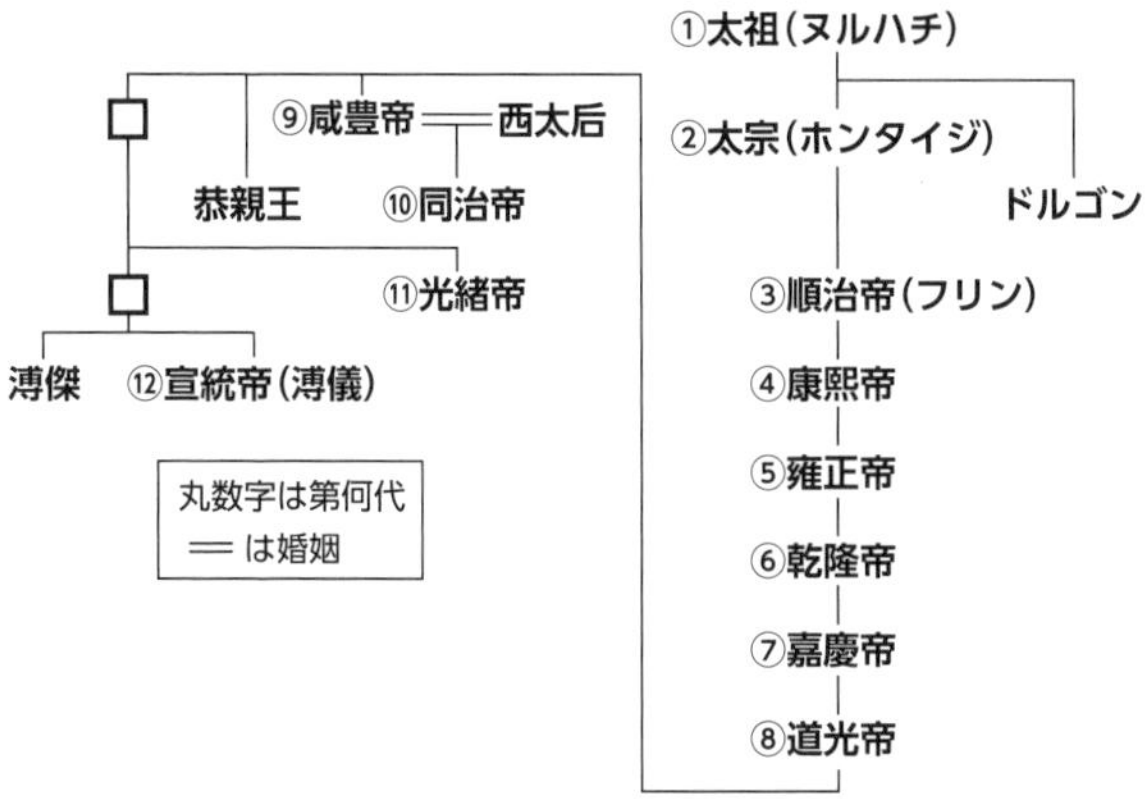

台北、それぞれの故宮博物院に収められています。また、円明園を大々的に改築し、中国風の建築とフランスのヴェルサイユ宮殿を思わせる西洋風のバロック建築が共存する壮麗な空間を築き上げます。

さらに、古代からの中国の史書や文学書の集大成として、全7万9000巻以上の『四庫全書』を編纂させました。その際、集められた書籍内に、清や皇帝である自身をおとしめるような表現があったとされた場合、その書籍は焼却処分とされます。この言論の弾圧は「文《もん》字《じ》の獄《ごく》」といわれ、康熙帝や雍正帝の治世でも行われていました。

乾隆帝は10度の外征に勝利したので、「十全老人《じゅうぜんろうじん》」を自称しました。長年の敵だったジュンガルを壊滅させて東トルキスタン地方を平定し、新たな開拓地を意味する「新疆」と名づけます。清の版図は最大に達し、19世紀にロシア帝国領となる沿海州と20世

紀に独立したモンゴル人民共和国（現在のモンゴル国）を除き、現在の中国の領土は、当時の清の版図をほぼ継いでいます。

康熙帝から乾隆帝の治世において経済も大きく発展します。主に生糸や陶磁器、茶がヨーロッパに輸出され、代価として銀が大量に清へ流入しました。イギリスの経済学者によればば、1700年当時、イギリスは世界の富の約3％、フランス王国は約6％、オスマン帝国は約8％を占めるなか、清は22％を占めたとされます。決して正確なデータではありませんが、ともかく、世界トップクラスの経済大国だったのです。

また、アメリカ大陸原産のカボチャやサツマイモ、トウモロコシなどの栽培が国内で広まり、食糧事情の改善によって人口増加がうながされ

清の最大版図

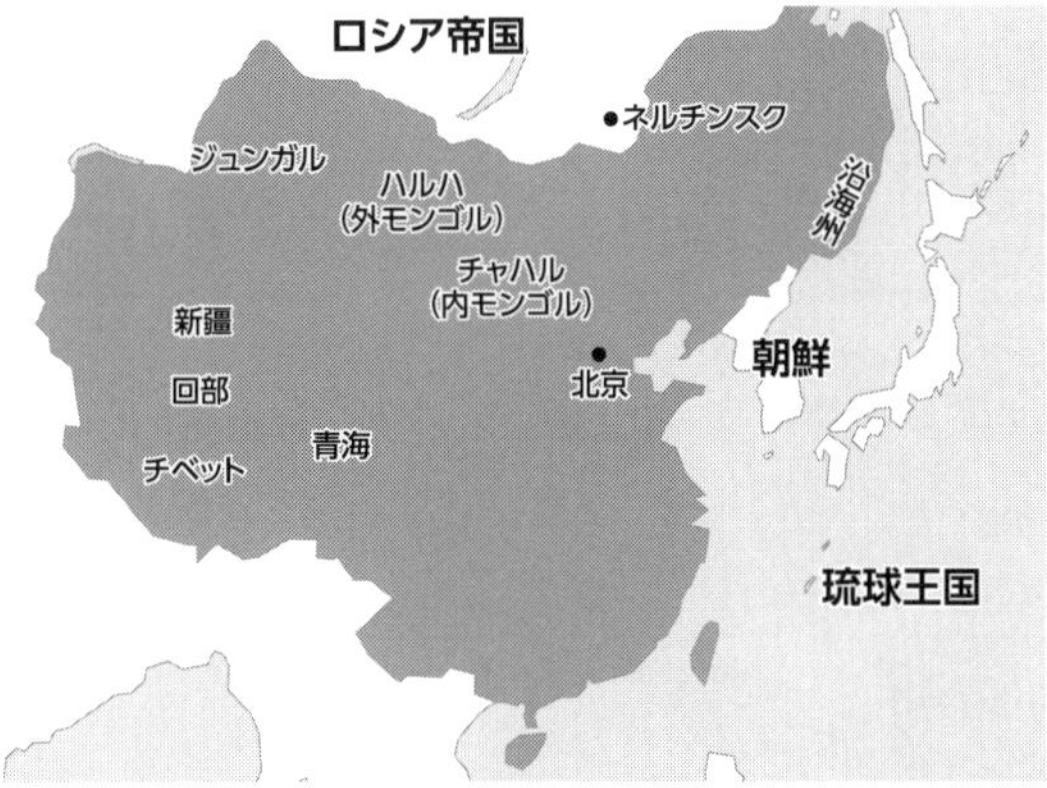

ます。湖広《ここう》（現在の湖北省と湖南省）は農業生産の中心地となり、「湖広熟すれば天下足る」といわれるほどでした。

暮らしに余裕ができると娯楽も盛んになり、文学では、曹雪芹《そうせっきん》が当時の風俗を活写した長編小説『紅楼夢《こうろうむ》』を著します。18世紀には伝統的な歌曲、舞踊、演劇を組み合わせた「京劇《きょうげき》」のスタイルが確立され、庶民の間で人気を博しました。

連合軍に連戦連敗

歴代の王朝と同じく、清も対外関係は基本的に朝貢しか認めていませんでした。18世紀末、イギリス大使のマカートニーが対等な外交関係を求めてやってきますが、交渉は決裂します。当時、西洋に絹や陶磁器を輸出する一方、輸入の必要性は低く、朝貢以外はいらないと思っていたからです。

ところが、清が西洋に無関心な態度を取っている間にヨーロッパでは産業革命が進み、アジアの植民地化が加速します。イギリスは自国産の繊維製品をインドに輸出して外貨を稼ぐ一方、上流階級の嗜好品《しこうひん》として清から茶を輸入しましたが、しだいに輸入額が増えたため、インドで採集した麻薬のアヘンを清に転売して、うめ合わせをはかりました。

清の政府は心身をむしばむアヘンの売買を禁じましたが、下層民を中心にアヘン依存症の人間が増えていきました。しかも、アヘンの購入によって国内の銀が大量に流出して財政を圧迫します。

このため、道光帝《どうこう》からアヘン取り締まりの特命責任者である欽差《きんさ》大臣に任じられた林《りん》則徐《そくじょ》は、広州の貿易港でイギリス商人からアヘンを強制的に没収して廃棄しました。

この対応に、イギリス議会では清への派兵が議論され、9票差で清への派兵が可決。1840年6月にアヘン戦争が起こります。戦闘は2年間にわたり、イギリスは累計で約2万人の兵員を投入。大型の大砲を備えた蒸気船を持つイギリス軍は翌年5月までに広州を制圧、さらに上海、南京まで迫り、圧倒的な勝利を収めました。

1842年8月に清はイギリスと「南京条約」を結び、上海など5カ所の開港、香港の譲渡、多額の賠償《ばいしょう》金の支払いに加えて、領事館の開設、関税率の引き下げなどイギリス優位の貿易協定を受け入れさせられました。いわゆる不平等条約です。

東洋の大国である清がイギリスに大敗した事態は、西洋列強によるアジア植民地化の大きな一歩となります。イギリスやほかの西洋列強は清での勢力拡大をはかり、1856年の清によるイギリス船籍を名乗る中国船アロー号の拿捕《だほ》をきっかけに、清と英仏連合軍の間でアロー戦争（第二次アヘン戦争）が起こりました。

この戦争にも敗れた清は、イギリス、フランス、ロシア、アメリカ合衆国と「天津《てんしん》条約」を結ばされます。外国公使の北京駐留、アヘン貿易の合法化、キリスト教の布教、外国との貿易港の拡大など一方的な条項を含んでいました。そのため、清が受諾をしぶると、英仏連合軍は戦闘を再開して北京を占領。円明園は無残に荒らされます。清はついに屈服し、より不利な「北京条約」を結ばされ、イギリスに九龍《クーロン》半島南部を譲渡、交渉を仲介したロシアに沿海州を譲渡させられます。

中途半端に終わった改革

西洋列強との一連の条約によって、清は外国との交渉を行う専門部署の必要に迫られ、外務省にあたる総理各国事務衙門《がもん》を新設しました。また、海禁政策は完全に廃止され、清から大量の労働者や商人が海外へ出て行くようになります。

清は財政の悪化やイギリスへの賠償のため国民に重税を課しました。貧困層の間では不満が高まるなか、1851年に広西省《こうせい》（現在の広西チワン族自治区）で洪秀全《こうしゅうぜん》が挙兵し、「太平天国の乱」が始まります。洪秀全はキリスト教の影響を受けて上帝会《じょうていかい》という武装宗教結社を組織し、満洲人を打倒して漢人を再興する滅満興漢《めつまんこうかん》を唱えつつ、土地の平等配分や男女平等などの革新的な方策を掲げて民衆の支持を集めました。太平天国軍は南京を一時的に占領しますが、指導者同士の内紛が相次ぎ、西洋列強の助けを借りた清の攻勢によって、1864年に鎮圧されます。この十数年にわたる内乱により、ますます清の荒廃は進みました。

そのころ日本では、江戸幕府が倒れ、新たに成立した明治政府は1871年に清と対等な外交条約「日清修好条規」を結びました。1879年には、それまで表向きは清

そのころ、日本では？

中国が列強諸国に進出されていたころ、日本でも外国船が次々と沿岸に現れるようになっていました。1853年にはアメリカ海軍提督のペリーが浦賀沖に来航します。翌年、再びペリーが訪れ、アメリカとの間で日米和親条約を結び、日本は開国しました。

と朝貢関係にあり、裏では薩摩《さつま》藩の実質的な支配下にあった琉球《りゅうきゅう》王国を、日本が沖縄県として自国に編入したことで、清と日本の関係は険悪になります。

内外での混乱がひとまず落ち着いた清では、咸豊《かんぽう》帝の側室だった西太后《せいたいこう》が、6歳で即位した実子の同治《どうち》帝、その死後はおいにあたる5歳の光緒《こうちょ》帝の後見人として実権を握ります。西太后は19歳で後宮に入り、下級の妃ながら、美しい歌声で咸豊帝の寵愛を得たといいます。

太平天国の乱の鎮圧において義勇軍を組織して活躍した曾国藩《そうこくはん》と、その部下の李鴻章《りこうしょう》らは、西洋の新技術や軍制を導入する「洋務」を進め、官営工場を設立し、最新の装備を持つ「北洋《ほくよう》軍」を編制しました。西太后は彼らを支持して手腕をふるわせました。もっとも、西太后は外国から軍艦を買うくらいなら国内の業者にお金を使ったほうがよいと考え、軍事費を北京郊外の庭園、頤和《いわ》園の整備に流用したりもしています。

衰退を決定づけた日清戦争

近代化を進める日本は大陸からの防備のため、朝鮮を清から切り離して、自国の勢力下に引き入れようとはかります。1894年2月、朝鮮では国内の悪政に抗議し、外国勢力の打倒を唱える東学党の乱（甲午農民戦争）が起こりました。これを機に、清と日本はそれぞれ朝鮮に出兵。8月に日清戦争が勃発します。

清の海軍は大規模な艦隊を持ってはいたものの、兵の教育は不十分なうえ、組織の末端まで統制が行き届かず、黄海《こうかい》海戦で日本に大敗。黄海の制海権を失い、大勢が決します。翌年4月には下関《しものせき》条約が締結され、日本への賠償金の支払い、台湾の日本への譲渡、朝鮮の独立などが定められました。朝鮮はまもなく大韓帝国となりますが、1910年に日本に併合されます。

日清戦争の賠償金は国庫収入の3倍におよび、清は列強に借金を重ねる代償として各種の利権を譲渡し、各国に租借地《そしゃくち》を提供します。租借とはリースの意味ですが、そのリース期間は相手国が自由に利用できるため、実質的に植民地と同じでした。そして長江流域はイギリス、華南沿岸はフランス、山東省はドイツ帝国、満洲はロシアの勢力範囲となり、外国人が居留した租借地や租界が築かれて西洋文化が広まりました。租界の多くは第二次世界大戦中に廃止されますが、香港は1997年までイギリスが租借します。

歴代の中国王朝は、近隣の朝貢国や国内の多種族をゆるやかに統合する体制であり、領土の観念はあいまいな面があり、住む地域や、学識のある官吏、農民、商人といった身分ごとにまとまるだけでした。しかし、清末期になると、西洋列強や日本に自国をおびやかされている状況から「住む地域や身分が違っても自分たちは同じ国で生きている。団結して国土を守らなければならない」というナショナリズムが芽生えてきます。

学識のある階層の間では清の没落に対する危機感が高まり、1898年、官吏の康有為《こうゆうい》らは光緒帝のもとで、日本の明治維新を意識した憲法の制定や議会の設立など、近代的な改革「戊戌《ぼじゅつ》の変法」をはかりました。このとき設立された京師《けいし》大学堂は、のちに北京大学へと発展します。ところが、西太后ら保守派により改革はつぶされ、光緒帝は幽閉状態に置かれました（戊戌の政変）。

民間では外国人への反発が高まった結果、山東省で宗教結社の義和団が騒乱を起こします（北清事変）。西太后や清の重臣は当初、義和団を敵視しましたが、義和団が「扶《ふ》清滅洋《しんめつよう》」（清の擁護と外国勢力の排除）を唱えていたため、1900年に義和団側について列強に宣戦布告します。しかし結果的に、イギリス、アメリカ、ロシア、日本など

8カ国の連合軍に北京を占領されました。事変後、清は各国と「北京議定書」を結び、莫大な賠償金のほか、北京の外国公館の周辺などに列強の軍隊が駐屯することを認めました。この北京議定書で定められた賠償金の一部をアメリカが転用した資金で、アメリカ留学のための準備機関として建てられたのが清華学堂《せいかがくどう》であり、現在、北京大学と双璧《そうへき》をなす清華大学の前身です。

西太后は近代的な改革が必要だとようやく痛感し、改めて憲法の制定、西洋式の学校の設立、科挙に代わる官吏登用制度などを制定します。ことに科挙の廃止は、歴代の中国王朝の存在を支えた儒教の否定を意味するだけに、大きな決断でした。1908年、幽閉中の光緒帝が死去した翌日、西太后も死去します。次の帝位には西太后の指名した溥儀《ふぎ》（宣統帝《せんとうてい》）が即位しました。

1911年には初めて憲法にもとづく内閣制度が成立しますが、総理大臣に就任した慶《けい》親王をはじめ、閣僚は皇族や貴族らが占め、形式のみの改革に留まります。これらは帝政を維持したうえでの近代化であり、さらに一歩進んで、清朝を打倒して漢民族による新政権を築くことを唱える革命派が出てくるのです。

衰退する清を支えた政治家

李鴻章
りこうしょう

（1823 ～ 1901）

国内の近代化と外交を担う

25歳で進士に及第し、文官として史書の編纂などにあたりました。1851年に起こった太平天国の乱が江南で猛威をふるうと、咸豊帝の命令を受けて故郷へもどり、軍務に従事します。同じく進士出身であり、郷勇《きょうゆう》（民兵組織）の湘軍を率いていた曾国藩の幕僚を経て、同じく郷勇の淮軍を編成、反乱の鎮圧に貢献しました。

以後に起こった反乱でも軍功をあげ、重要地方の総督と北洋大臣（通商と外交を管轄する職）を兼任するまでになります。そして、近代化をはかる洋務の旗振り役を担い、南部の鉄道の敷設や鉱山の開発に加え、軍需工場といったさまざまな近代的な施設を設置しました。海軍も創設し、大規模な艦隊を組織しましたが、1894年の黄海海戦で艦隊は敗れ、翌年には全権として来日。講和条約に調印します。その後も北京議定書の締結など、斜陽にあった清の外交と軍事を担いました。

chapter 7

共和国の成立

帝政の終わり

日清戦争の最中、中国大陸から遠く離れたハワイで興中会《こうちゅうかい》という革命組織が結成されました。これが、250年余り続いた清の打倒への第一歩となります。

興中会をつくった孫文《そんぶん》は広東《カントン》省の農家に生まれ、13歳のときにハワイへ渡り、帰国後は香港で西洋医学を学びました。従来の中国の教養人は儒教を知識としていたのに対し、早くから欧米の政治思想や科学知識を身につけます。それまでの東洋で革命といえば、王朝交代を意味しましたが、欧米からの影響を受けた孫文は、皇帝や王侯ではなく、国民が政治を動かす共和政の樹立を意識していました。

1905年、興中会をはじめ、黄興《こうこう》や宋教仁《そうきょうじん》などが率いる各地の革命勢力が日本に集まり、中国同盟会を結成します。中国同盟会は、民族の独立、民権の拡大、民生の安定という「三民主義」を唱え、満洲族の打倒と漢民族の復権、共和政による新政府の樹立を目標に掲げました。

孫文や黄興らは、日本の明治維新を革命の理想としており、清の弾圧を逃れて日本をたびたび訪れています。日本政府は清との利害関係から清での革命運動への介入を控えましたが、政治家の犬養毅《いぬかいつよし》（のちの総理大臣）をはじめ、西洋列強に対するアジア人の連帯を唱えた頭山満《とうやまみつる》や宮崎滔天《みやざきとうてん》らは、孫文に資金や武器の調達といった支援を行います。

孫文とその仲間たちは、19世紀末から清を打倒すべく何度も挙兵したものの、いずれも失敗します。そんな中、1911年10月10日、湖北省の武昌《ぶしょう》（武漢市）で清政府に不満を抱く革命派の人々が蜂起し、湖北省を皮切りに江南を中心に多くの省が清からの独立を宣言しました。この年の干支《えと》が辛亥《しんがい》だったことから、この革命は「辛亥革命（第一革命）」と呼ばれるようになります。

アメリカ合衆国に滞在していた孫文は急いで帰国すると、各省の革命勢力の代表者に請われ、南京で樹立された臨時政府の長（臨時大総統）に就任し、1912年1月1日、「中華民国」の建国を宣言しました。

このとき、北京の紫禁城では宣統帝が玉座にいましたが、わずか7歳であり、実権を握っていたのは、内閣総理大臣の袁世《えんせい》

凱《がい》でした。李鴻章の部下だった袁世凱は、日清戦争での敗戦を受けて清軍の再編を任され、新建陸軍《しんけんりくぐん》（新軍）を整備。そのことで軍の実力者となりました。さらに、戊戌の政変に際し、康有為らのクーデター計画を西太后に内通したことで清政府の信頼を得て、各省に設置されるようになった新軍のうち北洋新軍の指揮官となり、清政府に強い影響力を持ちます。その袁世凱は清の全権を委ねられ、中華民国政府と交渉を開始します。

革命勢力の力だけでは清の打倒は難しいと考えていた孫文は、宣統帝を退位させることと、国民主権など政治の基本方針を定めた「(中華民国) 臨時約法」を守ることなどを条件に、臨時大総統の座を袁世凱に譲ることを提案。袁世凱はこの条件をのみます。清に忠誠を尽くすより、強力な政府をつくることを優先したのです。

１９１２年2月12日、かくして宣統帝は帝位を失います。歴代の中国王朝で最後の皇帝となっていることから、俗にラストエンペラーとも呼ばれます。

清の滅亡によって、始皇帝の時代から続いた皇帝を中心とした政治や社会のさまざまな制度が解体されます。皇帝が定めていた元号は廃止され、辛亥革命が起こった翌年の１９１２年を元年とする「民国紀元」が導入されました。中国では廃止されて久しくなりますが、日本では7世紀の大化《たいか》から現在まで、世界で唯一、元号が使われています。変革はそれだけでなく、古代より使われていた「太陰太陽暦《たいいんたいようれき》（旧暦）」から、現代において多くの国が採用している「太陽暦」に改められました。

中華民国は、民衆を束縛する古い習慣の打破を掲げ、満洲族に強制されていた辮髪などの廃止を進めました。女性の足が大きくならないよう、幼少期から布で縛る風習だった纏足《てんそく》の廃止もその一つです。民間では西洋風の服装が普及します。なお、チャイナ・ドレスは満洲族の女性の衣服だった旗袍《チーパオ》を近代的にアレンジしたもので、中華民国時代に広まりました。

各地に乱立する軍閥

1912年3月10日に袁世凱は臨時大総統となり、同月には臨時約法が公布・施行されます。さらに、中華民国の首都を自身の地盤である北京としたことから、中華民国の政府は「北京（北洋）政府」といわれるようになります。ただし、孫文が臨時大総統の地位を譲る条件には、南京を首都とすることも含まれていたため、孫文ら革命勢力と袁世凱との関係が早くもほころびを見せ始めていました。

1912年12月から翌年にかけて、中華民国の各地で中国史上初となる国政選挙が行われ、国民党が多数の議席を獲得します。国民党は、清の滅亡後に中国同盟会が内部分裂し、議会政治や民主主義を掲げる孫文や宋教仁らによって設立された政党です。

第一党となった国民党は議会政治と民主主義を重視し、大総統の権力を制限しようとします。この動きに袁世凱は反発。国民党を弾圧し、大幹部の宋教仁を暗殺してしまいます。対して、江南の革命勢力は袁世凱の打倒を唱えて決起します（第二革命）。しかし、北洋新軍の勢力を拡大させて北洋軍閥と呼ばれる強大な軍事力を有する袁世凱の前に、暴動は2カ月で鎮圧されます。

この結果、孫文は日本に亡命し、政治結社の中華革命党を密かに組織し、自分たちの主張を掲載した新聞や雑誌を海外で発行するなど、広報活動にいそしみます。

抵抗勢力を排除した袁世凱は、1913年10月、議会の承認を経て大総統に就任すると、国民党を解散させ、臨時約法を廃止。そのうえで、大総統の権限強化を盛り込んだ「中華民国約法」を制定して国会を解散させるなど、独裁色を強めていきました。

そんな中、1914年7月に第一次世界大戦が勃発し、西洋列強の多くがヨーロッパでの戦闘に兵力を集中させます。日本政府はこの機会に、中国での影響力の拡大をはかるべく連合国軍として参戦を表明。山東省のドイツ軍要塞《ようさい》を占領します。そして、ドイツ帝国が保有していた中国内の工業や商業の権益を引き継ぐほか、中華民国の軍や警察に日本人の指導者を入れることなどを求めた「二十一カ条の要求」を中華民国政府に突きつけました。同年5月、日本側が一部の条件を取り消したとはいえ、袁世凱政権が渋りつつも、この要求を受け入れたことから、各地で反対運動が起こります。

追いつめられた袁世凱はまもなく、帝政を復活させて政権を強化しようとしますが、袁世凱を非難する蜂起が続発（第三革命）。身内である北洋軍閥、日本やイギリスなどの諸外国も帝政の復活を支持しなかったこともあり、袁世凱は帝位から退き、その3カ月後に死去します。

大総統の座は副総統だった黎元洪《れいげんこう》が継ぎますが、もともと各省の地方政府と軍組織の独立傾向が強く、袁世凱という強力なリーダーを失ったことから、北洋軍閥は安徽《あんき》派や直隷《ちょくれい》派、奉天《ほうてん》派などに分裂。いずれの軍閥も全土を支配する力はなく、さらに日本や西洋列強が各地の軍閥をそれぞれに支援したことで、北京政府の実権をめぐって軍閥同士が争う状況に陥ります。

一方、この諸外国の動きに危機感を募らせた孫文は、海外から帰国。1917年に広州で広東軍政府を樹立し、江南各地の軍事勢力と手を組み、華北の軍閥と戦いますが、敗れて上海へ落ちのびます。

1918年、第一次世界大戦が終結。中華民国は、日本やアメリカ、イギリスらと同じく連合国の一員として戦勝国に属しました。開戦当初こそ中立を宣言していましたが、二十一カ条の要求をはじめ、中華民国にとって不利益となっている外交上の問題を解消するために国際社会での立場を高めようと、1917年に参戦していたのです。

ところが、1919年4月に開かれた、戦後処理を話し合うパリ講和会議において、日本の要求が国際的に認めら

そのころ、日本では？

五・四運動が展開された前年、日本国内でも騒動が起こっていました。シベリア出兵によって商人に米が買い占められた結果、米の価格が高騰。それに憤った富山県の漁村の主婦らから運動は全国へと広まります。最後は警察と軍に鎮圧されました。

れます。このことが国民に伝わると、5月4日、北京大学の学生を中心として、中華民国内で日本に抗議する大規模な暴動（五・四運動）が起こります。そのため、北京政府は講和の調印を拒み、親日派の政治家を排除したことで、運動は一応の終息をみます。

この五・四運動はただの抗議運動に収まらず、それまでまとまりに欠けていた国民の意識を、ナショナリズムの高まりへと向かせるきっかけとなるできごとでした。

「革命いまだ成功せず」

五・四運動に前後する時期、若者や学識のある階層に大きな影響力を持っていたのが、雑誌の『新青年』です。高度な教育を受けていない民衆でも読めるよう口語文で国が抱える諸問題を指摘するとともに、西洋の最新の思想を広め、儒教道徳にもとづく保守的な価値観の打破を訴えました。寄稿していたのは、ジャーナリストの陳独秀《ちんどくしゅう》、アメリカで哲学を学んだ胡適《こてき》、小説家の魯迅《ろじん》やその弟の周作人《しゅうさくじん》らです。

こうした人々の活動の成果もあって起こった、五・四運動での民衆の力に孫文は着目。1919年、秘密組織だった中華革命党に代わる大衆的な政治結社として、「中国国民党（以下、国民党）」を組織します。これは単なる政党ではなく、軍事組織を持つ一種の軍閥でもありました。

一方、1921年には共産主義に傾倒した陳独秀らをはじめとする人々が「中国共産党（以下、共産党）」を結成します。共産党は、労働者と農民を支持層として大戦末期のロシア帝国で結成された、ソビエト連邦共産党をモデルとしています。1917年のロシア革命後には、ソビエト連邦共産党は政権を握り、ソビエト社会主義共和国連邦（ソ連）が成立しています。

孫文は華北の軍閥と帝国主義に対抗するため、共産党との連携やソ連との協調を主張。1924年には国民党と共産党との間で「第一次国共合作」が結ばれ、共闘体制がとられます。

そうして体制が整いかけた翌1925年、孫文は「革命いまだ成功せず……民衆を立ち上がらせ、われわれを平等に待遇する世界の民族と連合し、力を合わせ奮闘せよ」と遺言したのち、同年3月に病死しました。帝政の打倒に貢献したことから、孫文は現在の中国において「革命の父」とされています。

二つの党が戦火を交える

孫文の没後、国民党は北京政府に対抗する形で広東省に広東国民政府を樹立します。そのトップは孫文の後継者の1人だった汪兆銘《おうちょうめい》です。ところが、軍閥との戦闘を控え、国民党が組織した「国民革命軍」の総司令官である蔣介石《しょうかいせき》が台頭します。蔣介石は浙江省の出身で、青年期には日本に留学して軍人養成学校で教育を受けた経験がありました。のちに妻となる宋美齢《そうびれい》は、孫文の妻である宋慶齢《そうけいれい》の妹であり、孫文とは義理の兄弟という間柄です。

1926年7月、軍備を整えた蔣介石は、各地の軍閥と北京政府の打倒を掲げ、軍を興します。いわゆる「北伐《ほくばつ》」です。

北伐が進む過程で蔣介石は各地の地主や資本家を味方につけ、農民や労働者を支持基盤とする共産党との関係に溝《みぞ》が生まれます。さらにこのころ、汪兆銘と共産党員らが、北伐によって制圧した武漢に政府（武漢国民政府）を移しています。

北伐の最中の1927年4月、上海で共産党員が武装蜂起し、軍閥を追い出します。

共産党の勢力拡大をおそれていた蔣介石は、その地を基盤とする浙江財閥らの要請を受けたこともあり、軍を送り込み、共産党を弾圧しました（上海クーデター）。そのうえで、対立する武漢国民政府と別に、南京に政府（南京国民政府）を樹立します。

北伐時の勢力分布

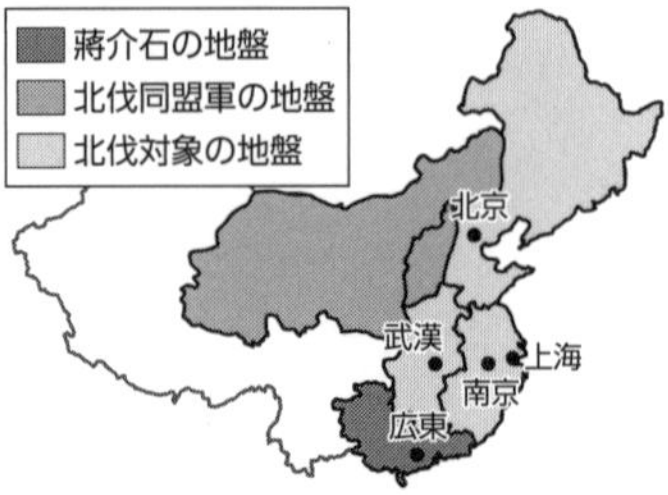

上海クーデターの余波は武漢国民政府にもおよび、共産党が武漢国民政府を離れ、1927年7月、第一次国共合作は解消されました。この年より、国民党と共産党による内戦「第一次国共内戦」が始まったとされます。同年9月には、武漢国民政府が南京国民政府に合流したことで、蔣介石は国民党の実質的なリーダーとなりました。その翌年には、北京から張作霖《ちょうさくりん》が率いる奉天派を追いやり、北京政府を崩壊させ、北伐は終わります。

北京を占領した蔣介石は、北京を北平と改称します。こうして北方と南方にそれぞれ政権がある状態は解消されました。そして、その立役者である蔣介石は、南京国民政府（以降、国民政府）の主席の座に就くのでした。

関東軍の暗躍で党の勢力拡大

北伐後の話を進める前に、それ以前の華北の状況を紹介しておきましょう。

華北の軍閥で最大の勢力だったのが、奉天派を率いていた張作霖です。袁世凱の傘下にあった張作霖は日本の支援を受け、東三省、いわゆる満洲のほかの軍閥を吸収して、北京政府も支配下に置いていました。

日本が奉天派を支援したのには理由があります。当時の満洲は、漢人の入植が進んで経済が発展していました。日本は1905年、日露戦争に勝利すると、ロシアから利権を譲渡された満洲で農地の開拓や鉱山の開発を進め、翌年に南満洲鉄道（満鉄）を設立します。その沿線を警備する部隊が独自の権限を持つようになり、関東軍と呼ばれるようになりました。

1928年6月、蔣介石率いる国民革命軍の攻勢により、張作霖は北京を追われます。このどさくさに関東軍は張作霖を見限り、満洲の実権を握ろうと、張作霖が乗った満洲へ向かう列車を爆破して暗殺しました（張作霖爆殺事件）。

事件は関東軍のしわざであることが明らかとなり、張作霖の息子の張学良《ちょうがくりょう》は、日本への敵意から国民党に与《くみ》します。関東軍の謀略は、かえって中華民国の勢力拡大をうながす結果となったのです。

一方そのころ、共産党内部でも動きがありました。国民党と争わない姿勢を見せていた、党トップの総書記である陳独秀が失脚したのです。代わって、毛沢東《もうたくとう》と周恩来《しゅうおんらい》が党の中心人物になります。毛沢東は湖南省の出身で、極貧から苦労して地主となった農民の子で、辛亥革命のころから革命運動に努めていた人物です。周恩来は日本やヨーロッパへの留学経験を持ち、五・四運動や上海での武装蜂起に参加していた人物です。

1927年に国共合作が解消されて以来、共産党は勢力下の農民をゲリラ部隊へと組織し、圧倒的な軍事力を有する国民革命軍に抵抗していました。1931年には、江西省の瑞金《ずいきん》において中華ソビエト共和国臨時政府を樹立して、この地を根拠地とします。

かりそめの帝政が復活

1929年10月、アメリカのニューヨーク市場で株価の大暴落が起こり、各国に連鎖して世界恐慌に陥ります。日本は経済の停滞を打破する策として、蔣介石政権の実効支配がおよばない満洲を領有しようとする声が軍内部で高まっていました。

1931年9月18日、関東軍が奉天郊外で柳条湖《りゅうじょうこ》の満鉄の線路を爆破します。これを奉天派の行為として満鉄沿線の主要地域を占領しました。いわゆる「満洲事変」です。中国では「九一八事変」といわれます。蔣介石は、国際世論が日本を非難することに期待して積極的に抵抗しなかったため、関東軍は半年で満洲全域を支配下に置きました。

日本政府は陸軍上層部に押し切られる形で、この関東軍の独断行動を事後承諾し、満洲の占領を正当化するため、1932年3月、清の最後の皇帝だった溥儀を名目的な執政とする満洲国をつくり上げます。溥儀はこのとき26歳。かねてより復位を望んでいたため、不信の念を抱きつつも日本に協力したそうです。

中華民国では反日運動が広がり、1932年1月から3月にかけ、上海で国民革命軍と日本海軍が衝突します（第一次上海事変）。じつは、この軍事衝突は、国際社会の目を満洲国からそらすべく日本が意図的にしかけた戦闘です。

1933年に日本軍が長城を越えようとすると、国民政府は日本軍と停戦協定を結びます。このことは、日本による満洲の支配を黙認することを意味していました。なぜそうしたかというと、蔣介石が日本軍との戦いよりも、共産党との戦いを優先させたからにほかなりません。

1934年、溥儀は皇帝に即位し、国号を満洲帝国と改めます。日本は満洲へ開拓民や技術者を大量に送り込み、農業や鉱業の生産を拡大させて経済の活性化をはかりました。とはいえ、その実態は事実上、日本人が現地住民を支配する体制でした。国際社会も満洲国を認めなかったことから、日本と欧米諸国との関係が急速に悪化していきます。

蔣介石は日本軍の勢力拡大を懸念しつつも、共産党に大攻勢をしかけます。瑞金を追われた共産党は、約1年間にわたって1万2000キロメートル余りの距離を移動します。これを長征《ちょうせい》(大西遷《だいせいせん》)といいます。そして、たどり着

そのころ、日本では?

満洲国を建国した日本でしたが、中華民国は国家として無効であることを、日本軍の撤退を求めて国際連合に訴えます。リットンの調査報告を受け、審議された結果、圧倒的多数で中華民国側の主張が可決されました。結果を受けて日本は国連を脱退。戦線を拡大させていくことになります。

いた陝西省の延安《えんあん》を新たな拠点としました。

当時の中国共産党では親ソ連派の幹部が失脚。党組織と軍の両方において毛沢東の独裁体制が確立されます。そして、毛沢東は、コミンテルン（ソ連を中心とする各国共産党の国際組織）のすすめもあり、国内で影響力を拡大させつつある日本軍に対して、国民党と協力して戦うことを広くうったえます。

このうったえに共鳴した張学良は、真の敵は日本であり、共産党との戦いを中止するよう蔣介石に求めますが、蔣介石は首を縦に振りません。1936年12月、業《ごう》を煮《に》やした張学良は、西安を訪れていた蔣介石を監禁。共産党ナンバー2の周恩来と会談させ、国民党と共産党が協力して日本に立ち向かうことを約束させます。これを「西安事件」といいます。

持久戦に持ち込め

義和団の乱のあと、北平の周辺には日本軍が駐留していました。1937年7月7日、その駐留部隊が、現地の国民革命軍と衝突する「盧溝橋《ろこうきょう》事件」（中国では「七七事変」）が発生します。これをきっかけに、日本と中華民国との全面戦争である日中戦争へと発展していくことになるのです。

日本と中華民国は、たがいに公式な宣戦布告をしないまま戦闘が拡大。華北をはじめ、上海でも日本軍との衝突（第二次上海事変）が起こるに至り、蔣介石は日本軍との抗戦を決意します。共産党の軍隊（紅軍《こうぐん》）は、国民革命軍第八路軍（八路軍《はちろぐん》）として組み込まれ、ここに「第二次国共合作」が成立しました。

日本軍は1937年中に、北平を含む華北一帯を占領。10月には、内モンゴル（内蒙古）を国民党政権から切り離し、チンギス・ハンの末裔の徳王（デムチュクドンロブ）をリーダーとする蒙古聯盟《れんめい》自治政府を発足させます。ただし、満洲帝国と同じく、実質的には日本人が主導権を握っていました。

12月には大規模な市街戦を経て南京を占領します。その際、国民革命軍は兵を一般市民に偽装して抗戦。日本軍が応戦する混乱下において一般市民も戦闘に巻き込まれて死傷しました（南京事件）、その総数は数千人から20万人以上まで諸説あります。

このとき日本側は、首都の南京を陥落させれば戦いは終結すると考えていました。と

中華民国軍と日本軍の動き

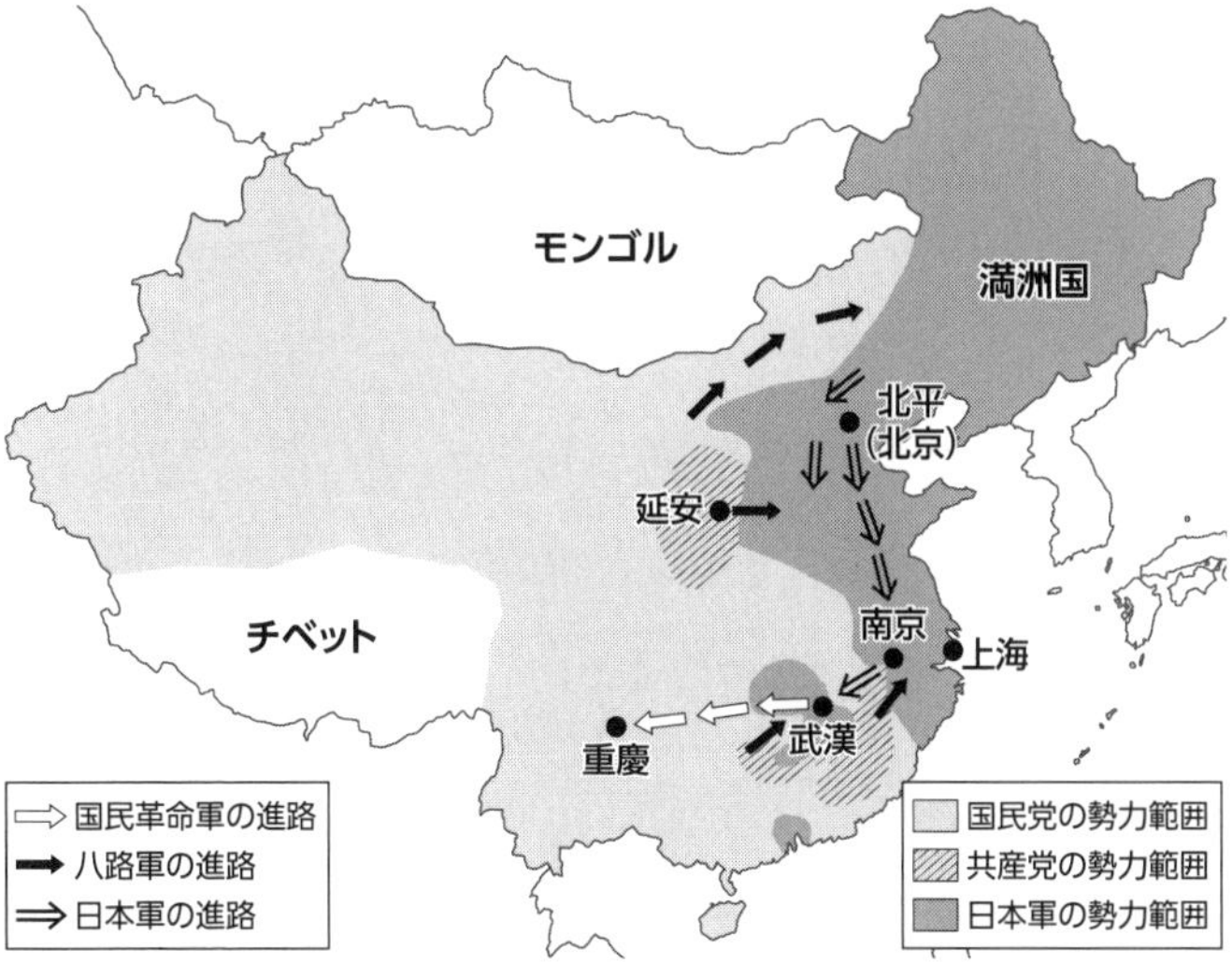

ところが蔣介石は、南京から西方の武漢、さらに重慶《じゅうけい》へと逃れます。そうして日本軍は、中華民国の主要都市や交通の要衝を含む中国本土18省のうち10省を占領しましたが、国民革命軍は抗戦を続けました。

じつは、中国軍は撤退しつつ敵の力を消耗させる持久戦を選択していたのです。対して日本政府は「国民政府を相手とせず」という声明を発して蔣介石との交渉を拒否したため、戦闘は長期化します。

八路軍では共産党員の田漢《でんかん》が作詞した『義勇軍進行曲』が盛んにうたわれ

ます。この軍歌は現在、中華人民共和国の国歌となっています。

アメリカとの蜜月関係

日本は占領地域の支配を円滑にするため、かねてより国民党内部で蔣介石と対立していた汪兆銘を味方に引き入れ、1940年3月に親日政権の南京国民政府を発足させます。南京国民政府の主席となった汪兆銘は、日本に妥協して占領地域の中国人の権利を守りつつ、国力を維持しようと考えていましたが、日本側に主導権を握られたまま、1944年11月に病死します。

重慶を拠点に戦い続けていた蔣介石は、妻の宋美齢が浙江省きっての富豪の娘で、アメリカの財界と友好関係にあったことから、米英から多大な支援を受けていました。また、共産党との関係性から、日中が開戦したその年のうちに、中華民国とソ連は不可侵条約を結んでおり、ソ連から支援物資を受け取っています。

1939年には、ヨーロッパではイギリスとフランスがドイツに宣戦布告して、第二次世界大戦が勃発していました。アメリカが連合国（イギリスやフランスなど）を支援する一方、日本が枢軸国であるドイツと同盟を結んだことで、日米関係は急速に悪化。１９４１年12月に、日本はアメリカと開戦しました。

日本は、重慶など蔣介石政権の主要都市を爆撃。抗日ゲリラの拠点とされる村々を攻撃し、戦争終結まで北平や南京を含む沿海部を占領します。しかし、戦域を広げすぎた結果、国力を上回る物資の消耗により徐々に追いつめられていきます。

１９４５年5月にドイツ共和国が連合軍に降伏すると、8月にはアメリカによる原子爆弾の投下と、ソ連軍の満洲侵攻を受けて日本は降伏。第二次世界大戦は終結しました。

昨日の友は今日の敵

終戦とともに、日本による占領地は解放され、日本を後ろ盾としていた南京国民政府、満洲帝国、蒙古聯合（旧聯盟）自治政府は崩壊し、日清戦争後に日本の領土となっていた台湾は中華民国に編入されました。なお、再び地位を失った溥儀は、戦争犯罪人として捕縛されましたが、１９５９年に出獄し、一市民として生涯を終えています。

蔣介石と毛沢東は終戦直後、アメリカの仲介により重慶で会談してたがいの健闘をたたえ、１９４５年10月10日に「双十協定《そうじゅう》」を結んで協力関係を約束します。しかし、これが両者の最初で最後の会見となります。というのも、かつての日本の占領地を押さえようと、水面下ではたがいに動き出していたからです。

こうして第二次国共合作は消滅し、１９４６年6月に「第二次国共内戦」が始まります。当時の国民党の兵力は４３０万人で、アメリカから最新の兵器を提供されていました。一方、共産党の兵力は１２０万人で、装備は貧弱でしたが、日本軍の残した武器や物資を接収し、国土の約４分の1を支配していました。

開戦当初は国民革命軍が優勢でしたが、１９４８年9月以降、遼瀋《りょうしん》戦役、淮海《わいかい》戦役、平津《へいしん》戦役の三大戦役において、共産党は北部の地域を制圧し、国民革命軍は南へ追いつめられていきます。

なぜ、共産党軍が優勢に転じたのでしょうか。国民政府は経済政策の失敗でハイパーインフレを招き、汚職が横行していたことに加え、軍人の態度も横暴で、国民の支持を大いに失っていました。共産党の軍は、旧来の権力者から民衆を解放することをアピールすべく「人民解放軍」を名乗り、戦闘と並行して占領地域で地主の土地を農民に分配する土地改革を進め、各地の貧しい農民層を味方に引き込んでいったのです。

1949年4月に人民解放軍は南京を占領。9月には北平に全国の有力者を集め、新たな国づくりを開始します。このとき、北平を再び首都とするにあたり北京へと改称し、さらに国旗である「五星紅旗《ごせいこうき》」を制定しました。赤地にある大きな星は中国共産党を、それを囲む4つの小さな星は、労働者、農民、知識階級、愛国的資本家を表しています。

そして10月1日、北京の故宮（旧紫禁城）の城門である天安門上において、毛沢東は新たな国家「中華人民共和国」の樹立を宣言しました。

12月、蔣介石が台湾に逃れると、100万人以上もの国民党支持者が台湾へ流入しました。蔣介石は戦時中、北平の故宮博物院にあった大量の美術品や歴史的遺物を運び込んでおり、台湾へ移送しました。蔣介石は台湾を拠点として、大陸の奪還を目指すことになります。

ひみつコラム

つづられた王朝の歴史

次の王朝が前の王朝の歴史を編纂する

中国では各時代の王朝が認定した史書（歴史書）を「正史」、それ以外の史書を「外史」「野史」として区別しており、2019年時点で25の正史が存在しています。

最初の正史である司馬遷が著した『史記』から、沈約《しんやく》が著した『宋書』までは、個人の手によって編纂され、後世の王朝において正史と認定された形です。

一方、唐の時代からは、前の王朝についての歴史の編纂は国家事業となり、その時代でトップクラスの学識のある人物が編纂を担当しました。そうすると、編纂を手がける王朝は政権の交代を正当化するため、前の王朝を批判的に論じる傾向が正史でしばしば見受けられるようになります。

正史の形式は「紀伝体《きでんたい》」が用いられています。紀伝体とは、皇帝の事蹟《じせき》を記した「本《ほん》紀《ぎ》」、功臣をはじめとする主要人物の伝記である「列伝《れつでん》」、制度にふれた「志《し》」、系図や

『正史（二十四史）』の一覧

正史	巻数	成立	正史	巻数	成立	正史	巻数	成立	正史	巻数	成立
史記	130	前漢	南斉書	59	梁	隋書	85	唐	新五代史	74	宋
漢書	100	後漢	梁書	56	唐	南史	80	唐	宋史	496	元
後漢書	120	宋（南朝）	陳書	36	唐	北史	100	唐	遼史	116	元
三国志	65	晋（西晋）	魏書	114	北斉	旧唐書	200	後晋	金史	135	元
晋書	130	唐	北斉書	50	唐	新唐書	225	宋	元史	210	明
宋書	100	梁（南朝）	周書	50	唐	旧五代史	150	宋	明史	336	清

※25史目ともされる『新元史』（257巻）は中華民国（1919年）で成立。

官職などの「表《ひょう》」により構成される形式です。

近代に入って以降も、国家による正史の編纂は続き、正史の中でも情報もれの多かった『元史』とは別に、中華民国が内容を補足した『新元史』を編纂しました。

1914年、中華民国が『清史稿』を編纂し始めましたが、出版禁止となりました。1961年には改訂された『清史』が発行されたものの、中華人民共和国はこれも正史として認めておらず、2002年に国家清史編纂委員会を発足させ、清の正史の編纂を進めています。

日本にも「六国史《りっこくし》」と呼ばれる『日本書紀』をはじめとする六つの正史が存在しますが、平安時代を最後に編纂されていません。

中国における「現代文学の父」

魯迅

ろじん

(1881 ～ 1936)

文学を通じて人々の変化をうながす

本名を周 樹人《しゅうじゅじん》といい、魯迅はペンネームです。

清代末期、政府派遣の留学生として来日し、仙台医学専門学校（現在の東北大学医学部）で学びます。このころには日中の改革派の影響を受け、医師ではなく、文学の道を選びます。

帰国後に辛亥革命が起こると、教師として教壇に立つかたわら、旧体制から抜け切れない人々の意識を変えるべく、作品を発表していきます。代表作の『阿Q正伝《あきゅうせいでん》』では、考えなしに生きる農民が自滅に至る姿を皮肉なユーモア混じりに描き、民衆が社会に向き合う必要を示しました。

その後は国民党政権による言論弾圧への抵抗を唱えたほか、さまざまな作品を発表しつつ、外国文学を翻訳したことから、中国において「現代文学の父」に位置づけられています。

chapter 8

中華人民共和国

真のトップは軍の指導者

第二次国共内戦の結果、大陸には共産党政権（中華人民共和国）、台湾には国民党政権（中華民国）という二つの政権が同時に存在することになりました。しかも両者とも「自分たちこそが、中国を代表する唯一の政権である」と主張します。

戦後に成立した国際連合（国連）において代表権を持っていたのは、アメリカを後ろ盾としていた中華民国でした。1947年に施行された中華民国憲法にもとづいた政権運営が行われ、1950年から元首（大総統から「総統」に名称変更）は、蔣介石が務めます。臨時首都は台北《タイペイ》と定められました。臨時としたのは、中国大陸を取りもどすつもりであり、1954年にはアメリカとの間で軍事同盟である米華相互防衛条約を結んでいます。実際、1950年代は中華人民共和国との間で戦争が行われています（第一次、第二次台湾海峡危機）。

一方の中華人民共和国は、ソビエト社会主義共和国連邦（ソ連）を中心とする、社会主義国以外とは正式な国交を持っていませんでした。中華人民共和国の政治の仕組みは、共産党を唯一の執政党とする一党独裁です。政権トップの「国家主席」のもとに、内閣にあたる「国務院」が置かれ、国会にあたる「全国人民代表大会（全人代）」の議員は、国民の直接選挙ではなく、各地の共産党組織の信任投票で選出されます。

なお、国民党革命委員会、中国農工民主党、中華全国総工会、中華全国婦女連合会といった、共産党以外の政党や政治団体も存在しますが、政策の助言をするだけで全人代においての議決権はありません。

初代の国家主席（初期は「政府主席」と呼称）と、共産党の中央委員会主席は毛沢東が、首相にあたる「国務総理」は周恩来が務め、諸外国との外交はもっぱら周恩来が担当しました。そして基本的に、国家主席は軍のトップである中央軍事委員会主席を兼任します。中華人民共和国は、武力による革命（国民党との内戦）で成立した政権だけに、政府と党組織だけでなく軍を掌握する者が真の実力者という体制なのです。

共産党政権は、各地の地主から土地を没収して農民に分け与える土地改革を断行し、それまで各省でばらばらに行われていた経済政策を中央集権的に再編。主要な企業の国有化、近代的な産業開発などを進めました。旧来の封建的な制度、とくに男尊女卑は改められ、女子の人身売買を禁止し、教育や就労の男女平等がはかられます。さらに、公務員や企業経営者の腐敗や不正な蓄財を摘発する三反五反運動によって、各地で共産党に非協力的な官僚や企業家は地位を失ったり財産を没収されたりしました。

二つの自治区が成立

戦後の世界は、アメリカを中心とする自由主義陣営（西側諸国）と、ソ連を中心とする社会主義陣営（東側諸国）の国際的な対立、いわゆる冷戦が深刻になります。

戦時中、日本の統治下にあった朝鮮半島には、戦後は北部にソ連軍、南部にアメリカ軍がそれぞれ駐留しました。1948年には北部にソ連を後ろ盾とする朝鮮民主主義人民共和国（北朝鮮）が、南部にアメリカを後ろ盾とする大韓民国（韓国）が建国され、両国を代理として、米ソが一触即発の状態でした。

1950年6月、北朝鮮軍が韓国に侵攻して朝鮮戦争が勃発します。アメリカとイギリスを中心とした国連軍によって、韓国軍は北朝鮮と中華人民共和国（以降、中国）の国境近くにまで迫ります。これを脅威と見なした毛沢東は、北朝鮮を支援する部隊を派遺しました。戦いははげしく、毛沢東の長男も戦死しています。歴史的な視点からすれば、中国の参戦は冷戦構造の結果というだけでなく、帝政時代がそうだったように、朝鮮半島を影響下に置いておきたかったという見方もできるかもしれません。

北朝鮮と韓国は1953年7月に休戦しましたが、平和条約は結ばれず、2020年現在まで両国の緊張関係は続いています。1961年には中朝友好協力相互援助条約が結ばれ、北朝鮮が他国に攻められた場合、軍事支援をすることが取り決められました。今もこの条約は更新されつつ、効力を有しています。

中国は朝鮮半島への介入だけに留まらず、清の時代に支配下にあった地域に手を伸ばします。1950年、チベットに人民解放軍を送り込み、1年あまりでチベット全土を制圧して併合します。共産党が住民の伝統的な習慣や宗教活動を制限したため、1959年に動乱が起こったものの、これを鎮圧。1966年にはチベット自治区が成立しました。チベット仏教の指導者だったダライ・ラマ14世は、動乱後にインドへ逃れて亡命政府を樹立。今も海外からチベットの自立をうったえています。

イスラム教徒が多く暮らす新疆では独立勢力が一時的に生まれましたが、最終的には中国の影響下に入り、1955年に新疆ウイグル自治区が成立しました。ここでも宗教弾圧などが行われたため、1980年代から独立運動がたびたび起こっています。

なお、現行の憲法では信仰の自由がある程度は認められていますが、礼拝や宗教的な集会にはさまざまな制限が存在します。2015年の国勢調査によると、「自分は無神論者だ」と答えた人が61％、宗教を信仰している人はわずか7％という結果でした。これは、宗教活動が制限されていることが関係しているといえます。

国際社会で孤立する

中華人民共和国の建国直後から、国際社会における最大の味方はソ連でした。1950年2月には中ソ友好同盟相互援助条約を結び（1980年に失効）、ソ連から軍事や工業といった分野の支援を受けます。とはいえ、ソ連の最高導者だった書記長のスターリンは、アジアよりもヨーロッパの同盟国を重視しており、毛沢東も外国の政治介入を嫌っていたため、両者の関係性はけっして良好とはいえませんでした。

スターリンの死後、1950年代後半のソ連は、西側諸国との平和共存に方針を切り変えます。毛沢東は「ソ連の態度は裏切りだ」と怒り、中ソ関係は急速に悪化しました。アメリカとソ連の両方を敵に回した中国は、自衛のためとして核兵器の開発を進め、1964年に原子爆弾を完成させ、アメリカ、イギリス、ソ連、フランスに続く世界で5番目の核兵器保有国となります。

1955年4月にはアジア・アフリカ会議が開催され、中国も参加し、アジアとアフリカの国同士の連帯が進みます。ところが、インドとの間では亡命したダライ・ラマの処遇や、内陸のカシミール地方の国境紛争をめぐり、1960年代から関係が悪化していきました。こうして当時の中国は、アメリカをはじめとする西側諸国とは国交がないうえ、しかもソ連とインドとも対立したことで、国際的に孤立していました。

スズメを狩って大惨事

1954年に開かれた全人代において、中華人民共和国としては初となる「中華人民共和国憲法（54年憲法）」が制定されます。第1条で「中華人民共和国は、労働者階級の指導する労農同盟を基礎とした人民民主独裁の社会主義国家である」とうたっているほか、全人代を国家の最高権力機関とすることなどが規定されていました。

中国では1953~57年にかけて、経済の発展を目的として大規模な産業開発のために鉱山をひらき、国営工場や集団農場を築きました。ソ連の5カ年計画をモデルとしており「(第一次)五カ年計画」といい、ソ連の助けもあり、目標はほぼ達成されます。

第一次五カ年計画の最中の1956年、学識のある階層の政権への不満を考慮し、古代の諸子百家が活躍した時代にちなんだ「百花斉放《ひゃっかせいほう》 百家争鳴《ひゃっかそうめい》」というスローガンを掲げ、一時的に言論の自由を緩和しました。ただし、一党独裁や経済政策への批判が展開されると、一転して言論弾圧を徹底させます。

1958年からの第二次5カ年計画では、「15年間でイギリスの経済力に追いつき追い越す」という目標が掲げられたものの、ソ連との関係悪化によりソ連からの支援が縮小したため、毛沢東は農民を大々的に動員することで工業生産の拡大をはかろうとします。この政策は「大躍進《だいやくしん》」と呼ばれます。

大躍進の導入とともに、各地の農村では地方行政機関と集団農場を一体化した「人民公社」が組織されます。さらに、農村の各家庭で簡易な自家製の溶鉱炉《ようこうろ》による製鉄を推奨し、鉄鋼の生産を飛躍的に高めようとしました。その結果、品質の悪い鉄しかできなかったうえ、農業がおろそかになります。加えて、穀物を食べてしまうネズミやスズメの駆除を徹底させたことで、かえってスズメが捕食していた害虫が大量発生します。一連の政策により食料生産は大幅に低下。数千万人もの餓死者が発生しました。

大躍進の失敗によって、1959年7～8月に開かれた中国共産党の中央政治局拡大会議（廬山《ろざん》会議）において、毛沢東は責任を追及されます。そうして、共産党の中央委員会主席という最高指導者としての地位こそ維持できたものの、国家主席の地位は劉少奇《りゅうしょうき》にゆずらざるを得ませんでした。劉少奇はフランスやソ連への留学の経験を持ち、共産党に入党すると労働運動で功績を上げて党内の重鎮《じゅうちん》となった人物です。以降の党の実権は、劉少奇とその弟分で

そのころ、日本では？

1950年代の後半から、日本では高度経済成長が始まります。1964年には東海道新幹線が開通し、東京オリンピックが開催されるなど、空前の好景気にわきました。一方で、アメリカとの間で日米相互協力及び安全保障条約（新安保条約）に調印したことで、反対運動が巻き起こります。

ある鄧小平とが握り、両者主導のもとで経済再建がはかられます。

謎の死を遂げた後継者

実権を失った毛沢東は復権をはかり、1965年末より、文芸評論家の姚文元《ようぶんげん》など、自身を支持する若手の共産党員を通じて、劉少奇や鄧小平ら実権派（走資派《そうしは》）が「資本主義を進めている」として批判しました。これが「プロレタリア文化大革命（文革）」と呼ばれる大規模な運動に発展します。プロレタリアとは、賃金労働者を意味し、資本家を意味するブルジョアと対をなす語句です。

文革を主導した姚文元、張春橋《ちょうしゅんきょう》、王洪文《おうこうぶん》、そして毛沢東の妻である江青《こうせい》の4人は「四人組」と通称されます。文革期には毛沢東を支持する学生集団「紅衛兵《こうえいへい》」が、実権派の支持者と見なされた教師や役人、在野の学識のある人物などを次々と襲撃しました。このほか、中華民国時代からの富裕層、地方の少数民族の指導者や宗教家、戦時中に日本に協力的だった人物など、共産党に敵対的とされた者は、殺害されたり、投獄されたり、財産を奪われたり、地方の農村に追放されたりしました。

共産党幹部も例外ではありませんでした。そして、とうとう劉少奇も1968年10月に失脚し、軟禁されたまま翌年に死去。鄧小平は地方へと左遷されました。文革による被害者と犠牲者の総数は、数千万〜1億人におよぶと推定されています。

1969年4月、実権を取りもどした毛沢東は13年ぶりに開かれた共産党の党大会において、自身に忠実で文革に協力的だった副主席の林彪《りんぴょう》を後継者に指名しました。ところがほどなくして、毛沢東は林彪の増長を警戒するようになります。1971年9月には、林彪が毛沢東打倒のクーデターを企てますが失敗。ソ連へ逃亡をはかったものの、乗っていた飛行機がモンゴル東部で墜落して死亡しました。墜落原因は事故か、中国側あるいはソ連側による撃墜か、いまだに判然としていません。

卓球で外交方針を大転換

1970年代に入ると、中国を取り巻く環境が激変します。当時、国連や各種の国際団体には中華民国が加盟しており、オリンピックでも中華民国が代表選手を送り出していました。とはいえ、中華人民共和国が大陸を政治的に掌握した状態が20年以上続いている事実は、国際社会も認めざるを得なくなっていました。

1971年10月、共産主義国でありながらソ連と距離をとるアルバニアなど諸外国の働きかけによって、中華人民共和国の国連加盟と常任理事会入りが賛成多数で可決されます。その結果を受けて、中華民国は国連を脱退しました。同年、中華人民共和国政府は、自分たちが中国人民を代表する「唯一の合法的な政府」であり、台湾は「中国領土の不可分な一部」とする見解「一つの中国（中国語で「一個中国」）」を国際社会に宣言。現在まで同じ見解です。

文革の間も中ソの対立は続き、1969年3〜9月には、黒龍江《こくりゅうこう》（アムール川）の支流であるウスリー川の珍宝島《ちんぽうとう》と新疆ウイグル自治区で国境紛争が起こります。一方このころ、ソ連が支援するベトナム民主共和国（北ベトナム）と、アメリカが支援するベトナム共和国（南ベトナム）による戦争（ベトナム戦争）が長期化し、アメリカ軍は消耗していました。つまり、中国とアメリカはともに、ソ連の脅威に直面していたのです。

そんな国際状況の中、1971年3〜4月に日本で開催された世界卓球選手権大会に参加した中国チームがアメリカチームを北京に招待し、関係改善を願うメッセージを伝えます。この「ピンポン外交」をきっかけとして、アメリカ大統領のニクソンは中国政府と交渉を進めようとし、毛沢東もアメリカと手を組もうと考えるようになります。

ニクソンは1972年2月に訪中し、世界をおどろかせました。毛沢東と周恩来はニクソンとの会談後、米中共同声明を発表します。その主な内容は、ともにソ連の脅威に対応すること、「一つの中国」を認めることなどです。

それでは同時期、日本と中国の関係はどうだったのでしょうか。

日本が大戦時の旧敵国だった国々との国交を回復することになった、1951年9月のサンフランシスコ講和条約に締結する場には中華民国も、中華人民共和国も不参加でした。日本は翌年、中華民国と個別に平和条約を結ぶも、中華人民共和国とは国交がないままでした。

ニクソンの訪中に刺激を受け、総理大臣だった田中角栄は、1972年9月に訪中。周恩来と会談し、日中共同声明を発表します。声明の前文では日本が過去の戦争で中国に大きな損害を与え

たことへの反省が明記されました。中国側は日本政府に対する戦時賠償の請求を放棄します。戦時中における日本軍の行為の責任を問う声もありましたが、中国政府は友好関係を優先したわけです。

日本は公に賠償を行わなかった代わりとして、１９７８年の日中平和友好条約（２２２ページ参照）の締結後、１９７９年から２０１８年までＯＤＡを通じて、中国の産業開発に間接的に協力することになりました。

田中角栄の訪中後、中国からジャイアントパンダのカンカンとランランが日本へ贈られました。これ以降、中国はジャイアントパンダを使って外国との関係を修復する「パンダ外交」を進めます。

なお、日中国交正常化がなされたことによって、共産党の勢力拡大を抑える目的で１９５２年に中華民国との間で結ばれた日華平和条約は失効。台湾との正式な国交が途絶えます。その中華民国では、１９７５年に蔣介石が死去します。１９７８年にはその長男の蔣経国《しょうけいこく》が総統となります。蔣経国の死後は、台湾出身者として初めて総統の座に就いた李登輝《りとうき》のもとで、中華民国は民主化と自立化が推し進められていきました。

毛沢東時代の終わり

外交方針の大転換とともに、毛沢東は党内のバランスを維持しようと、党内の穏健派で総理だった周恩来の意見を受け入れ、1973年に鄧小平を復権させて副総理にすえます。これに、依然として文革を主導していた四人組は強く反発。批林批孔《ひりんぴこう》という運動を展開します。表向きは林彪と孔子を批判しつつ、始皇帝を評価するという運動でしたが、じつは四人組が批判の対象としていたのは、周恩来と鄧小平でした。当時、周恩来と鄧小平は文革によって停滞していた経済を再建するべく、農業・工業・国防・科学技術を近代化するという「四つの現代化」を提唱していたからです。

1976年1月、その周恩来が死去します。国民の間では文革の行きすぎを抑えようと尽力していた周恩来への信望は厚く、北京の天安門広場で追悼《ついとう》集会が開かれました。その集会が四人組を非難する大規模なデモへと発展。共産党はデモを弾圧して封じ込めます（第一次天安門事件）。すると毛沢東は、鄧小平がデモを扇動したとして責任を問い、再び失脚させます。そんな中、同年9月に毛沢東が82歳で死去しました。

毛沢東は死の直前、副総理だった華国鋒《かこくほう》に後事《こうじ》を託します。1976年、四人組に権力を握られることをおそれた華国鋒らは四人組を逮捕して党から追放し、四つの現代化を国の新たな目標に掲げ、鄧小平を復職させました。そして、1960年代から続いた文革の終結を宣言します。共産党内と国内が落ち着いたタイミングで、華国鋒は日本の総理大臣だった福田赳夫《ふくだたけお》との交渉の末、日中平和友好条約を1978年に結びました。

1979年、鄧小平がアメリカ大統領のカーターと交渉し、米中国交正常化を果たします。その結果、アメリカと中華民国は公式的には断交し、米華相互防衛条約は失効しますが、武器の売却などが盛り込まれた新たな軍事同盟となる台湾関係法が同年に施行され、現在まで続いています。

復権した鄧小平の党内での発言力は増し、1979年にベトナムとカンボジアの争いに介入して起こった中越戦争（1カ月で人民解放軍が撤退）の責任と、経済に関する失政を理由に華国鋒は解任され、副主席だった鄧小平が実質的な最高指導者となります。

1982年に開かれた全人代において中華人民共和国憲法（82年憲法）が改正されました。これが、中国の現行憲法にあたります。この改正によって、1978年に廃止さ

現行の中華人民共和国の政治組織

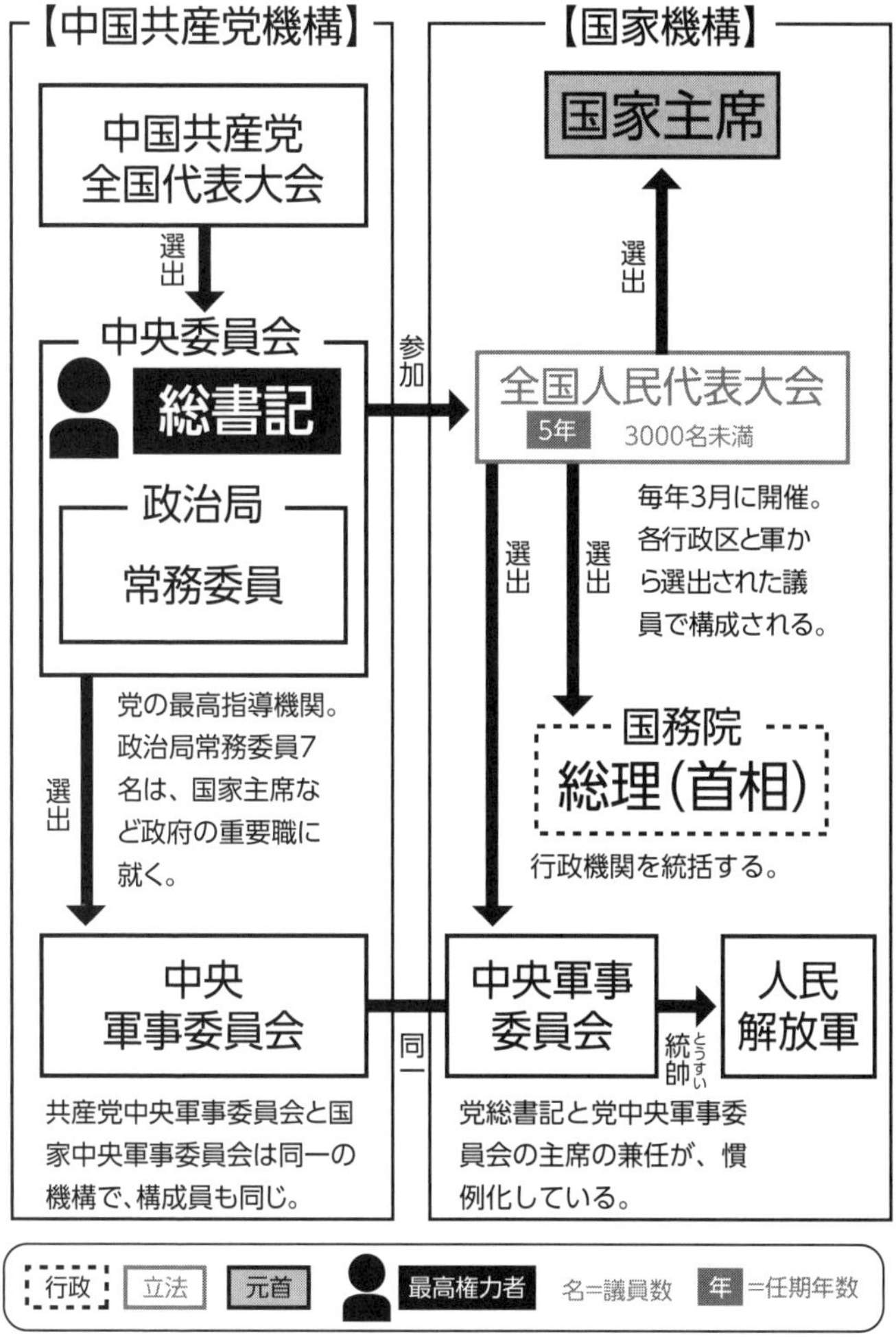

【中国共産党機構】
【国家機構】
国家主席
中国共産党
全国代表大会
選出
選出
中央委員会
総書記
参加
全国人民代表大会
5年
3000名未満
政治局
常務委員
毎年3月に開催。
各行政区と軍から選出された議員で構成される。
選出
選出
党の最高指導機関。
政治局常務委員7名は、国家主席など政府の重要職に就く。
選出
国務院
総理(首相)
行政機関を統括する。
中央
軍事委員会
同一
中央軍事
委員会
統帥《とうすい》
人民
解放軍
共産党中央軍事委員会と国家中央軍事委員会は同一の機構で、構成員も同じ。
党総書記と党中央軍事委員会の主席の兼任が、慣例化している。
行政
立法
元首
最高権力者
名=議員数
年=任期年数

れた国家首席のポストが儀礼的な国家元首として復活しました。ただし、名目上はトップでも、実権はほとんどありません。同時に、中央委員会主席が中央委員会総書記という名称に変更されています。つまり、共産党の中央委員会総書記と中央軍事委員会主席の役職を兼ねた人物こそが、中国の最高指導者というわけです。国家主席のポストが1983年に復活して以降も、鄧小平は国家主席の座には就かず、中央軍事委員会主席として実権を握り続けました。

もともと共産党は、国民の貧富の差を是正して平等な社会を実現することを目標に掲げていましたが、鄧小平は「先に豊かになれる者が豊かになり、ほかの者を助ける」という先富論《せんぷろん》を唱え、自由主義経済の要素を取り入れた政策「改革開放」を導入します。社会主義国家に市場経済のルールを採り入れることを批判された際、「白い猫でも黒

そのころ、日本では？

1970年代末に、中国との間で国交を樹立すると、戦後初めて、中国での撮影ロケをもとにしてさまざまな作品がつくられます。遣唐使を題材とした邦画『天平《てんぴょう》の甍《いらか》』や、テレビドラマシリーズ『西遊記』など日本のお茶の間で放送され、日中間はきわめて友好的な関係となりました。

い猫でもネズミをとる猫がよい猫だ」と答えたことはよく知られています。

農村では人民公社が廃止され、イギリス統治下にあった香港の近隣には外国企業を誘致する経済特区が設けられ、西側諸国との貿易拡大、商工業の振興がはかられました。経済特区に指定された都市の一つが、急速な発展を遂げ、現在では北京、上海、広州とともに中国四大都市の一角に数えられる広東省の深圳《しんせん》です。

言論の自由も一時的に緩和され、文革で糾弾《きゅうだん》された人々の名誉も回復されます。もっとも、政権への批判が高まると、再び言論統制はきびしくなりました。

民主化運動を抑え込む

1980年代後半、ソ連の最高指導者だった書記長のゴルバチョフが、国内政治の民主化と西側諸国との

関係改善などの改革、いわゆるペレストロイカを進めていました。韓国やミャンマーといった軍事政権が続いていた近隣のアジア各国でも、民主化運動が活発になります。諸外国の動向が伝わった中国においても、西側諸国の文化にふれた若い世代の間では、共産党の独裁を批判する運動が広がりました。

　批判の対象にあった共産党幹部にあって、鄧小平の腹心であり総書記だった胡耀邦《こようほう》は、改革派として民主化を唱える学生に支持されていました。しかし、鄧小平をはじめとする党内の保守派から批判を受けて解任され、１９８７年、代わって総理の趙紫陽《ちょうしよう》が総書記となります。

　１９８９年４月に胡耀邦が死去すると、天安門広場で追悼集会が開かれ、数万人もの市民や学生が集まり、政府批判のデモが展開されました。鄧小平は北京に戒厳令《かいげんれい》を発して軍を動員。６月４日にデモ隊を攻撃させます（第二次天安門事件）。正確な犠牲者数は不明ですが、数百人から数千人とも推定されています。民主化運動の参加者の多くは国外に亡命しました。趙紫陽は弾圧に消極的だったため失脚し、上海市長などを歴任した江沢民《こうたくみん》が総書記の座に就きます。

愛国教育のはじまり

1980年代のソ連を中心とした共産主義国では、経済の停滞によって国民の不満がふくらんでいました。1989年、ハンガリー、ポーランド、チェコスロヴァキア、ルーマニアといった東欧諸国で共産党政権が倒れます。同年、東西ドイツの分断を象徴するベルリンの壁が崩壊し、1カ月後の米ソによるマルタ会談において冷戦の終結が宣言されました。さらに、1991年12月にはソ連においても共産党が政権を手放し、ロシア連邦ほかによる独立国家共同体（CIS）へと再編されます。

中国共産党はこの事態に大きなショックを受けると同時に、余波が自国におよぶのをおそれ、国内の民主化運動をきびしく弾圧しました。その一方で、改革開放をより本格的に推進させます。政治的な自由を制限しながら、経済活動をより緩和することで共産党政権への国民の不満をそらそうとしたのです。

鄧小平が第二次天安門事件後に政界をしりぞくと、江沢民が中央軍事委員会主席の地位を継ぎます。1993年3月には国家主席に就任し、名実ともに権力を掌握しました。

中国共産党は従来、「外国の政府とは敵対しても、アメリカや日本も含めた世界各国の民衆や労働者は仲間」という考え方を国民に説いていました。しかし、江沢民以降の政権は、民主化運動の拡大を防ぐために愛国教育を徹底します。

社会主義国である中国は出入国をきびしく制限していましたが、改革開放路線によって西側諸国との交流は拡大していきます。中国は朝鮮戦争以来、朝鮮半島の政権では北朝鮮のみを支持していましたが、1992年に韓国と国交を樹立すると、1998年には韓国への海外旅行を自由化したのを皮切りに、対象国を増やしていきました。2000年には日本も対象国となり、多くの中国人が訪日するようになります。

1995年、中華人民共和国中国人民銀行法が全人代で制定され、「中国人民銀行」が中央銀行としての役割を担うようになります。中国人民銀行は1948年に設立され、現在の通貨である「人民元《じんみんげん》（中国元）」を発行しています。一番大きな通貨単位は「元」で、それより小さな通貨単位として「角」と「分」がありますが、分はほとんど流通していません。

1997年には行政区画が改められ、23の省と五つの自治区、四つの直轄市、二つの特別行政区へと整備されました。同年7月にはイギリスから香港が返還され、2年後にはポルトガルが租借していたマカオも返還されます。中国政府は、香港やマカオでは返還後も、50年間は従来の自治権や自由な企業活動を認める「一国二制度」を導入しました。ただし、2010年代以降は共産党が選挙への介入や言論統制の動きを見せるようになったことから、反政府デモが多発。2020年6月には香港国家安全法が導入され、一国二制度が大きく変容しつつあります。

一方、中華民国は多くの国と国交を失いつつも、アメリカや日本などとの友好関係は続き、経済交流を維持して経済発展を遂げました。1996年には国民党の一党独裁を廃止して民主化を実現します。1980年代以来、中華人民共和国は、中華民国に対して一国二制度の受け入れをうながしていますが、中華民国政権は拒否を表明しています。

その動向に世界が注目

2001年11月、中国は世界貿易機関(WTO)への加盟を果たします。この時期から10年あまり中国の経済成長率は10~15%と、きわめて高い伸び率を続けました。中国は共産党の一党独裁体制を維持しつつ、自由主義経済の体制となったのです。

２００８年8月には北京オリンピック、２０１０年5月には上海万博が開催され、経済発展の成果を示すかのように、超高層ビルが立ち並ぶ北京や上海の姿を諸外国に見せつけました。国内総生産（ＧＤＰ）の総額も、２０１０年には日本を抜いて世界第2位となります。世界のスマートフォン市場では、ファーウェイ（華為）、シャオミ（小米）といった中国メーカーが席巻《せっけん》するようになりました。

経済発展の反面、上海など沿海部の大都市と、内陸の農村部との間で急速に貧富の差が拡大します。中国では都市部と農村部で別個に戸籍があり、都市部では「農民工」と呼ばれる農村出身の低賃金な非正規雇用者が多く働いていますが、都市部で育った農民工の子どもにも貧困が連鎖するケースが少なくありません。

経済発展や外国との交流の拡大によって、国民の意識やライフスタイル、文化的な表現活動も大きく変化してきました。世界最大の人口を持つ中国は、過度な人口増加を抑えるため、１９７９年から「一人っ子政策」を導入していました。しかし、中国も日本などの先進国と同様に社会全体の教育水準が向上して晩婚化が広がり、進学費用も高騰《こうとう》しているため少子化が進み、２０１６年には一人っ子政策が廃止されます。

中国の若い世代の間では、インターネットを通じてアメリカや日本のポップカルチャーを愛好する人々が増えています。その反対に、中国の文化が世界にも知られるようになっていきました。日本では『三国志演義』や『封神演義』といった中国の古典文学を題材とした漫画やアニメーションが展開されているほか、大衆文学である武侠小説も親しまれています。２０１２年には小説家の莫言《ばくげん》がノーベル文学賞を受賞、文革時代を描いた劉慈欣《りゅうじきん》のＳＦ小説『三体《さんたい》』がアメリカでベストセラーになっています。ハリウッド映画の主役を中国人が務めることもめずらしくなくなっています。

このように、国交樹立前とくらべれば、中国と世界との垣根はぐっと低くなり、文化や経済でのつながりは強固なものになりました。とはいえ、２０１３年に国家主席に就任した習近平が強力なリーダーシップを発揮して中国を主導していることで、他国との摩擦《まさつ》を生むことも少なくありません。さまざまな問題を内包しながら、それでもなお、14億人もの人口を抱える中国の発展は陰《かげ》りを見せておらず、今後もその動向は世界の注目の的であり続けていくでしょう。

中国の歴史
年表

この年表は本書であつかった中国を中心につくってあります。

下段の「世界と日本のできごと」と合わせて、理解を深めましょう。

年代	中国のできごと	世界と日本のできごと
〈紀元前〉		
5000ごろ	仰韶文化が興る	世界 ナイル河流域で農耕開始（5000年ごろ）
2500ごろ	龍山文化が興る	世界 インダス文明が興る（2500年ごろ）
1600ごろ	殷王朝が成立	世界 バビロニア王国が滅亡（1600年ごろ）
1050ごろ	周王朝が成立	世界 ヘブライ王国が成立（1000年ごろ）
770	周が遷都し、春秋時代が始まる	世界 古代オリンピック開催（776）
551ごろ	儒学の開祖となる孔子が生まれる	世界 アテネで僭主政治が開始（561年ごろ）
403	晋が分裂し、戦国時代が始まる	世界 ペロポネソス戦争が終結（404）
221	秦が全国を統一	世界 第2回ポエニ戦争が勃発（218）
209	陳勝・呉広の乱が起こる	世界 マケドニア戦争が勃発（214）

202	劉邦が皇帝に即位し、漢王朝が成立	世界 南越国が成立（203）
141	武帝の治世が始まる	世界 マケドニア王国が滅亡（168）
〈紀元〉		
8	新王朝が成立し、前漢が滅亡	世界 ローマがパレスチナを属州化（6）
25	劉秀が皇帝に即位し、後漢王朝が成立	世界 イエスが処刑される（30年ごろ）
184	黄巾の乱が起こる	日本 卑弥呼が邪馬台国の女王に（189）
220	三国時代が始まる	世界 ササン朝ペルシアが成立（226）
265	司馬炎が皇帝に即位し、西晋王朝が成立	日本 卑弥呼が魏に使者を送る（239）
318	司馬睿が皇帝に即位し、東晋王朝が成立	世界 ローマ皇帝がキリスト教を公認（313）
376	前秦が華北を統一する	世界 ゲルマン人の大移動（376）
420	劉裕が皇帝に即位し、宋王朝が成立	日本 倭王の讃が宋に使者を送る（421）
471	北魏の孝文帝の治世が始まる	日本 倭王の武が宋に使者を送る（478）
581	楊堅が皇帝に即位し、隋王朝が成立	世界 ムハンマドが生まれる（570年ごろ）
589	隋が陳を滅ぼし、南北朝時代が終わる	日本 厩戸王が隋に使節を送る（607）
618	李淵が皇帝に即位し、唐王朝が成立	日本 遣唐使を派遣（630）

年代	中国のできごと	世界と日本のできごと
668	遠征し、新羅とともに高句麗を滅ぼす	世界 ウマイヤ朝が成立（661）
690	則天武后が皇帝に即位し、周王朝が成立	日本 藤原京に遷都（694）
705	武后が死去し、唐王朝が復活	日本 大宝律令が制定（701）
755	安史の乱が始まる	世界 アッバース朝が成立（750）
875	黄巣の乱が始まる	世界 アルフレッド大王が即位（871）
907	朱全忠が皇帝に即位し、後梁王朝が成立	世界 ファーティマ朝が成立（909）
960	趙匡胤が皇帝に即位し、宋王朝が成立	世界 神聖ローマ帝国が成立（962）
1004	宋と遼の間で澶淵の盟が結ばれる	日本 藤原道長が摂政に（1016）
1069	王安石による改革が始まる	世界 ノルマン朝が成立（1066）
1115	完顔阿骨打が金を建国	日本 中尊寺の造立に着手（1105）
1127	靖康の変が起こり、北宋が滅亡	日本 鳥羽上皇が院政を開始（1129）
1206	チンギス・ハンによりモンゴル帝国が成立	世界 マグナ・カルタが制定（1215）
1234	南宋とモンゴルが連合して金を滅ぼす	日本 御成敗式目が制定（1232）
1271	フビライが国号を元と定める	日本 文永の役（1274）、弘安の役（1281）

1351	紅巾の乱が起こる	世界 百年戦争が始まる（1339）
1368	朱元璋が皇帝に即位し、明王朝が成立	日本 足利義満が征夷大将軍に（1368）
1399	靖難の役が始まる	世界 李氏朝鮮が成立（1392）
1421	永楽帝が北京に遷都	日本 応永の外寇が発生（1419）
1449	土木の変が起こる	世界 東ローマ帝国が滅亡（1453）
1572	万暦帝の治世が始まる	日本 室町幕府が滅亡（1573）
1616	ヌルハチが自立して国号を後金と称する	日本 大坂夏の陣（1615）
1631	李自成の乱が起こる	世界 ガリレオが裁判で有罪に（1633）
1636	ホンタイジが国号を清に改める	日本 島原の乱が発生（1637）
1644	明が滅亡し、清が北京を占領	世界 ピューリタン革命が勃発（1642）
1661	康熙帝の治世が始まる	世界 ルイ14世が親政開始（1661）
1722	雍正帝の治世が始まる	日本 目安箱の設置（1721）
1735	乾隆帝の治世が始まる	世界 新大陸で13植民地が成立（1732）
1782	『四庫全書』が完成する	日本 天明の飢饉が発生（1783）
1840	アヘン戦争が勃発	日本 天保の改革が開始（1841）

年代	中国のできごと	世界と日本のできごと
1851	太平天国の乱が起こる	世界 ナポレオン3世が親政開始（1852）
1860	列強と北京条約を締結	日本 桜田門外の変（1860）
1894	日清戦争が勃発	日本 日英通商航海条約を締結（1894）
1898	西太后らによる戊戌の政変が起こる	世界 第1回オリンピック開催（1896）
1911	辛亥革命が起こる	日本 韓国を併合（1910）
1912	中華民国が成立。清が滅亡	日本 大正時代が始まる（1912）
1915	袁世凱政府が二十一カ条の要求を受諾	世界 第一次世界大戦が勃発（1914）
1919	五・四運動が起こる。中華革命党が中国国民党に改組	世界 国際連盟が発足（1920）
1924	第一次国共合作が成立	日本 関東大震災が発生（1923）
1925	孫文が死去する	日本 普通選挙法が制定（1925）
1926	蔣介石が北伐を開始	日本 昭和時代が始まる（1926）
1927	第一次国共内戦が始まる	日本 金融恐慌が起こる（1927）
1928	張学良が南京国民政府に合流し、北伐が終わる	世界 世界恐慌が起こる（1929）
1931	満洲事変が起こる	世界 ヒトラー内閣が成立（1933）

1937	第二次国共合作。盧溝橋事件から日中戦争が始まる	日本 日独伊三国防共協定を締結（1937）
1946	第二次国共内戦が始まる	日本 ポツダム宣言を受諾（1945）
1949	中華人民共和国が成立。国民党は台湾へ逃れる	世界 北大西洋条約機構が発足（1949）
1950	朝鮮戦争が勃発。中華民人民共和国は北朝鮮を支援	日本 日米安全保障条約を締結（1951）
1958	大躍進を開始	世界 キューバ革命が発生（1959）
1966	文化大革命が始まる	日本 日韓基本条約を締結（1965）
1969	ソ連との間で国境紛争が起こる	世界 第三次中東戦争が勃発（1967）
1971	中華人民共和国が国連常任理事国となる	日本 万国博覧会が開催（1970）
1972	アメリカ大統領ニクソンが中国を訪問	日本 沖縄が返還される（1972）
	日中共同声明を発表し、日中国交が正常化	世界 第四次中東戦争が勃発（1973）
1976	第一次天安門事件が発生。毛沢東が死去	日本 ロッキード事件が発生（1976）
1978	鄧小平の主導で改革開放路線がスタート	日本 日中平和友好条約を締結（1978）
1989	第二次天安門事件が発生	世界 ベルリンの壁が崩壊する（1989）
1997	イギリスから香港が返還	日本 阪神・淡路大震災が発生（1995）
2008	北京オリンピックが開催	世界 リーマン・ショックが発生（2008）

参考文献

『世界史とつなげて学ぶ 中国全史』岡本隆司（東洋経済新報社）
『世界史序説 アジア史から一望する』岡本隆司（ちくま新書）
『近代中国史』岡本隆司（ちくま新書）
『中国の歴史 増補改訂版』山本英史（河出書房新社）
『新版世界各国史３ 中国史』尾形勇、岸本美緒（山川出版社）
『中国の歴史（上・下）』貝塚茂樹（岩波新書）
『物語 中国の歴史 文明史的序説』寺田隆信（中公新書）
『世界歴史大系 中国史１ 先史～後漢』松丸道雄、斯波義信ほか編（山川出版社）
『世界歴史大系 中国史２ 三国～唐』松丸道雄、斯波義信ほか編（山川出版社）
『世界歴史大系 中国史３ 五代～元』松丸道雄、斯波義信ほか編（山川出版社）
『世界歴史大系 中国史４ 明～清』松丸道雄、斯波義信ほか編（山川出版社）
『世界歴史大系 中国史５ 清末～現在』松丸道雄、斯波義信ほか編（山川出版社）
『中国の歴史01 神話から歴史へ』宮本一夫（講談社）
『中国の歴史02 都市国家から中華へ』礪波護、平勢隆郎（講談社）
『中国の歴史03 ファーストエンペラーの遺産』鶴間和幸（講談社）
『中国の歴史04 三国志の世界』金文京（講談社）
『中国の歴史05 中華の崩壊と拡大』川本芳昭（講談社）
『中国の歴史06 絢爛たる世界帝国』氣賀澤保規（講談社）
『中国の歴史07 中国思想と宗教の奔流』小島毅（講談社）
『中国の歴史08 疾駆する草原の征服者』杉山正明（講談社）
『中国の歴史09 海と帝国』上田信（講談社）
『中国の歴史10 ラストエンペラーと近代中国』菊池秀明（講談社）
『世界の歴史12 明清と李朝の時代』岸本美緒、宮嶋博史（中公文庫）
『世界の歴史19 中華帝国の危機』並木頼寿、井上裕正（中公文庫）
『世界の歴史27 自立へ向かうアジア』狭間直樹、長崎暢子（中公文庫）
『改訂版中国小史 黄河の水』鳥山喜一（角川ソフィア文庫）
『万里の長城 中国小史』植村清二（中公文庫）
『長安の春』石田幹之助（講談社学術文庫）

[監修]
岡本隆司（おかもと・たかし）
1965年、京都府生まれ。早稲田大学教育・総合科学学術院教授。博士（文学）。専門は近代アジア史。2000年に『近代中国と海関』（名古屋大学出版会）で大平正芳記念賞、2005年に『属国と自主のあいだ　近代清韓関係と東アジアの命運』（名古屋大学出版会）でサントリー学芸賞（政治・経済部門）、2017年に『中国の誕生　東アジアの近代外交と国家形成』で樫山純三賞、アジア・太平洋賞特別賞をそれぞれ受賞。著書に『中国の論理　歴史から解き明かす』（中公新書）、『世界史とつなげて学ぶ 中国全史』（東洋経済新報社）など多数。

編集・構成／造事務所
ブックデザイン／井上祥邦（yockdesign）
文／菊池昌彦、佐藤賢二
イラスト／suwakaho
写真／photolibrary

世界と日本がわかる　国ぐにの歴史

一冊でわかる中国史

2020年 8 月30日　初版発行
2024年 6 月30日　8 刷発行

監　修　岡本隆司

発行者　小野寺優
発行所　株式会社河出書房新社
〒162-8544
東京都新宿区東五軒町2-13
電話03-3404-1201（営業）
03-3404-8611（編集）
https://www.kawade.co.jp/
組　版　株式会社造事務所
印刷・製本　TOPPAN株式会社

Printed in Japan
ISBN978-4-309-81106-2

この国にも注目！

ISBN978-4-309-81103-1

ISBN978-4-309-81102-4

ISBN978-4-309-81101-7

ISBN978-4-309-81106-2

ISBN978-4-309-81105-5

ISBN978-4-309-81104-8

ISBN978-4-309-81109-3

ISBN978-4-309-81108-6

ISBN978-4-309-81107-9

ISBN978-4-309-81112-3

ISBN978-4-309-81111-6

ISBN978-4-309-81110-9